CB080645

O VALOR E O SENTIDO DA VIDA

PAPIRUS DEBATES

A coleção Papirus Debates foi criada em 2003 com o objetivo de trazer a você, leitor, os temas que pautam as discussões de nosso tempo, tanto na esfera individual como na coletiva. Por meio de diálogos propostos, registrados e depois convertidos em texto por nossa equipe, os livros desta coleção apresentam o ponto de vista e as reflexões dos principais pensadores da atualidade no Brasil, em leitura agradável e provocadora.

LÚCIA HELENA GALVÃO
CLÓVIS DE BARROS FILHO

O VALOR E O SENTIDO DA VIDA

PAPIRUS 7 MARES

Capa	Fernando Cornacchia
Transcrição	Nestor Tsu
Coordenação e edição	Ana Carolina Freitas
Diagramação	Guilherme Cornacchia
Revisão	Isabel Petronilha Costa

Dados Internacionais de Catalogação na Publicação (CIP)
(Câmara Brasileira do Livro, SP, Brasil)

Galvão, Lúcia Helena
O valor e o sentido da vida / Lúcia Helena Galvão, Clóvis de Barros Filho. – Campinas, SP: Papirus 7 Mares, 2025. – (Coleção Papirus Debates)

ISBN 978-65-5592-065-9

1. Ética (Moral filosófica) 2. Filosofia 3. Humanidade – Filosofia 4. Vida (Filosofia) I. Barros Filho, Clóvis de. II. Título. III. Série.

25-283043 CDD-100

Índices para catálogo sistemático:

1. Filosofia 100

Eliane de Freitas Leite – Bibliotecária – CRB-8/8415

1ª Edição – 2025

Exceto no caso de citações, a grafia deste livro está atualizada segundo o Acordo Ortográfico da Língua Portuguesa adotado no Brasil a partir de 2009.

Proibida a reprodução total ou parcial da obra de acordo com a lei 9.610/98.
Editora afiliada à Associação Brasileira dos Direitos Reprográficos (ABDR).

DIREITOS RESERVADOS PARA A LÍNGUA PORTUGUESA:
© M.R. Cornacchia Editora Ltda. – Papirus 7 Mares
R. Barata Ribeiro, 79, sala 316 – CEP 13023-030 – Vila Itapura
Fone: (19) 3790-1300 – Campinas – São Paulo – Brasil
E-mail: editora@papirus.com.br – www.papirus.com.br

Sumário

N.B. Na edição do texto foram incluídas notas explicativas no rodapé das páginas. Além disso, as palavras em **negrito** integram um **glossário** ao final do livro, com dados complementares sobre as pessoas citadas.

Que tipo de ser humano você quer ser?

Clóvis de Barros Filho – Eu queria começar registrando aqui a imensa satisfação que sinto em participar deste diálogo, o respeito e a admiração que tenho pela senhora, professora Lúcia Helena, cujo trabalho acompanho há bastante tempo. É um trabalho muito sério e que dignifica muito o nosso campo do conhecimento. É uma honra colaborar neste projeto.

O tema de nossa conversa está nas origens do pensamento ocidental – ou filosofia ocidental, para ser mais preciso. Mesmo antes de o conhecimento ser propriamente filosófico, já havia uma grande preocupação em identificar em que consistiria uma vida boa para um humano mortal, que é a nossa condição. Podemos dizer que, dentro do paradigma grego mais antigo, essa resposta decorre de uma constatação primeira: a vida é vivida no mundo, e esse mundo é ordenado, ele é cosmos. A palavra "cosmos" indica justamente uma certa ordem. Portanto, não somos nós espectadores desse universo; somos parte integrante desse mundo ordenado, de modo que a vida boa implica um ajuste, uma adequada integração, um alinhamento da nossa existência com o resto.

Durante muito tempo, essa primeira convicção foi soberana e, de certo modo, esteve por trás de muito da produção do pensamento antigo, anterior à filosofia. A título de exemplo, poderíamos entender uma obra como a de **Homero**, *Odisseia*, esse retorno de Ulisses* para casa logo após o término da Guerra de Troia, como sendo a busca de uma vida boa depois de um momento existencial caótico. Uma vida vivida em desalinho, em desarmonia, fora de lugar. E Ulisses procura o retorno para Ítaca, que representa o lugar onde a sua vida boa deveria ser vivida. Isso indica, em um primeiro momento, que cada um de nós, por conta da nossa natureza específica, tem um lugar no mundo que nos cabe, que nos é adequado.

---

* Ulisses, também conhecido como Odisseu na mitologia grega, foi o rei de Ítaca e herói da *Odisseia*, de Homero. Celebrado por sua astúcia, enfrentou inúmeros desafios durante sua longa e épica jornada de retorno após a Guerra de Troia. (N.E.)

Esse primeiro modo de conformidade da história do nosso pensamento parece ser muito interativo, com uma condição muito forte de a vida ter sentido, ser bem vivida e, digamos, valer a pena. Ulisses enfrenta todas as dificuldades possíveis, mostrando que essa vida boa não acontece necessariamente de um modo natural, tranquilo, como se fosse o fluxo de um rio – pelo menos não no nosso caso. A busca por uma vida boa pode ser penosa, tortuosa, desafiadora. E exige por parte de quem vive algumas certezas a respeito de sua própria natureza. Por isso, o autoconhecimento é sempre fundamental, é sempre bem-vindo. Com esse autoconhecimento, vem a certeza de que há no mundo um lugar natural próprio e adequado para que aquela vida específica possa ser uma vida harmoniosa, isto é, em harmonia com o resto. A ignorância sobre si mesmo é muito impeditiva da identificação plena do nosso lugar no cosmos.

É interessante como se espera uma harmonização, uma integração fluida de si mesmo com o resto. E isso não é evidente, não é um dado, vamos dizer, não é só esperar que acabará acontecendo. Não é desse modo. Pelo contrário, muitas vezes, isso pode exigir enfrentamentos poderosos, obstáculos de natureza muito diferentes. No caso da *Odisseia*, a presença de Ulisses na ilha de Calipso mostra bem que uma vida que não é a nossa pode ser prazerosa. Pode ser uma vida aparentemente colorida, cheia de conforto e bem-estar, mas, ainda assim, não ser a vida que nos cabe viver. Porque não é só a dor, não é só a tristeza que pode nos guiar para o sentido oposto. Muitas vezes, esse discernimento de onde devemos viver é bem mais fino, bem mais sofisticado. Passa pela constatação de que uma vida vivida ao lado de Calipso, uma deusa apaixonada e disposta a oferecer tudo a Ulisses, pode ser uma vida inadequada por não permitir que a natureza daquele vivente alcance seu pleno desabrochar.

Chegamos aqui a um ponto que me parece importante, o sentido de que, em um primeiro momento, existe mesmo uma convicção forte de que a vida é uma grande oportunidade para que as potencialidades da natureza possam ser atualizadas. Ou seja, aquelas possibilidades que são as nossas, que nos são dadas ao nascer (e que hoje poderiam ser mapeadas em cromossomos, genes), e que, para o pensamento antigo, eram uma questão de natureza própria. Ao longo da vida, essa natureza poderá ou não ser atualizada e alcançar seu pleno desabrochar, sua plena exuberância, e permitir uma vida virtuosa, uma vida em que as nossas realizações sejam excelentes. Isto é, fazer bem aquilo que se faz, o que os gregos chamavam de *areté* e que, durante muito tempo, traduzimos como virtude.

Hoje, no mundo contemporâneo, temos chamado mais de excelência, o alcançar, por hábito, o ponto mais alto das nossas possibilidades. É claro que essa busca pela excelência, muitas vezes, pode ser usada para conveniências outras, mas aqui, no nosso caso, na nossa preocupação, é uma condição de vida boa para quem a vive mesmo. E não para algum eventual empregador, para alguém que se serve daquele trabalho, explora aquele serviço ou até mesmo é beneficiário, cliente de alguém que trabalha com excelência. Não. Estamos falando de excelência como condição da vida boa do excelente propriamente. Entendendo que essa excelência, muitas vezes, requer treinamento, dedicação, empenho, aperfeiçoamento, busca do melhor de si. Essa excelência permitirá que a natureza do vivente alcance com regularidade, com habitualidade seu clímax, seu apogeu.

Haveria aí uma luz indicando um certo modo de entender algum sentido para a vida como plena realização de si mesmo. A frase "torna-te quem tu és", de **Nietzsche**, é muito indicativa dessa possibilidade existencial de, ao longo da vida, fazer acontecer a própria natureza do modo mais exuberante, mais potente possível.

Lúcia Helena Galvão – Professor, eu igualmente admiro muito seu trabalho, é uma satisfação compartilhar este espaço. Eu o acompanho há bastante tempo e, basicamente, a conclusão a que vamos chegar do nosso pensamento é muito parecida, porque eu falo exatamente da realização do potencial humano, só que trazendo também a filosofia oriental.

Para mim, o pensamento oriental tem um caráter filosófico como a filosofia ocidental. Do ponto de vista dessa filosofia, é evidente que não temos como saber qual é o sentido da vida como um todo. Seria ambicioso demais tentarmos imaginar o porquê da existência da vida. Mas, se falarmos de cada indivíduo particularmente, poderíamos dizer que cada ser tem como sentido alcançar aquilo que poderíamos chamar de seu ideal, seu grau ótimo. Lembrando do mundo das ideias de **Platão**, onde existem os arquétipos de tudo aquilo que se manifesta aqui, haveria, então, uma espécie de desenvolvimento, de evolução, na medida em que corremos atrás desse arquétipo, daquilo para o qual a natureza nos concebeu: cada coisa seria dotada de um sentido próprio. Existe uma passagem bíblica que diz: "Pelas vossas obras, vos conhecerei". Poderíamos dizer: "Faz fotossíntese, é uma planta. Vive exclusivamente para atender ao instinto de sobrevivência e procriação, é um animal não racional". E nós teríamos que encontrar um sentido que justificasse, que definisse o que é o ser humano.

Do ponto de vista oriental, o ser humano é aquele que exerce sua plenitude, seus valores, suas virtudes e sua sabedoria. Esse seria o ideal humano. É como se imaginássemos a evolução como uma pirâmide com inúmeras faces, sendo uma face para cada ser humano. Cada um vai encontrar o seu caminho segundo suas condições particulares. Mas, no ápice, todos nos unimos em um ponto, que é o ápice de valores, virtude e sabedoria que possamos imaginar na condição de seres humanos. Portanto, seja lá qual for o caminho que seguirmos, necessariamente, ele nos levará a essa direção. Isso é muito interessante porque nos dá um conceito de propósito, de sentido de vida.

Imagine que eu estivesse me movimentando por uma sala e quisesse saber se estou indo na direção certa ou na direção errada. Logicamente, me perguntariam: "Aonde você quer chegar?". "Bem, quero chegar àquela parede que está diante de mim." Então, a partir do meu movimento, poderiam me dizer se a direção está correta ou não, se é verdadeira ou não. Ou seja, certo e errado, verdadeiro e falso, bom ou mau – tudo depende de aonde queremos chegar. Todos os valores humanos se estabelecem com base nesse referencial.

Se pararmos neste instante e imaginarmos o último momento da nossa vida, diante da morte, daquela "indesejada das gentes", como diria **Manuel Bandeira**, que tipo de ser humano gostaríamos de ser? Considerando que esta é a nossa obra-prima, que é aquilo que trabalhamos para alcançar, o resultado da construção de toda a nossa vida, que ser humano queremos ser? É preciso imaginar

Considerando que esta é a nossa obra-prima, que é aquilo que trabalhamos para alcançar, o resultado da construção de toda a nossa vida, que ser humano queremos ser? É preciso imaginar esse ideal, esse máximo quanto a valores, virtudes e sabedoria.

esse ideal, esse máximo quanto a valores, virtudes e sabedoria. Ou seja, quero ter aparado tais e tais arestas, ter desenvolvido tais virtudes, ter desenvolvido uma capacidade, uma empatia para viabilizar a convivência, ter feito tal coisa pelo mundo, pelo outro, por mim mesma... Quero ter deixado tal rastro. É preciso estabelecer essa imagem, que está ligada àquele ideal, àquele ápice da pirâmide que queremos alcançar. A partir disso, construímos identidade, discernimento, valores, exatamente porque sabemos que o que nos leva para essa direção é bom e aquilo nos afasta dela é mau. Isso nos permite inclusive avaliar diariamente o que estamos fazendo com a nossa vida.

Se hoje caminhei na direção desse ideal, meu dia foi bom; se me afastei dele, o dia não foi como eu desejava. Posso, então, analisar o que foi tão poderoso assim que me afastou desse ideal, como se eu estivesse "fora de mim". Alguma coisa me afastou daquilo que me define como ser humano. Ou seja, além de definir valores, isso define também a identidade.

Existe uma passagem de um papiro egípcio que diz que o nosso nome interno está no horizonte. Sempre achei essa colocação muito bonita e instigante. Ou seja, quem é a Lúcia? Aquela que defini lá no horizonte, como o máximo de sabedoria que posso conceber, o ápice do que posso alcançar como ser humano, aquilo que quero atingir. Essa é a Lúcia. A partir do momento que tenho conhecimento disso, sei quando estou coerente com a Lúcia ou quando estou fora de mim, ou seja, passo a ter uma identidade. Mas nós definimos a nossa identidade de uma maneira muito superficial: por circunstâncias, documentos, endereço, ocupações – coisas que mudam ao longo da vida com uma velocidade bastante grande; não fazemos isso em torno de algo sólido. Por isso, a nossa identidade deve ser definida em função de um horizonte, de um ideal, desse arquétipo no plano das ideias.

É preciso ter também discernimento, entender para que as coisas nos servem. É como se eu convidasse um grupo de pessoas para construir uma mesa comigo. A partir do momento que elas aceitam essa empreitada, podemos ir até o mercado, que oferece milhares de opções, e fazer escolhas. Bem, é uma mesa; então, um martelo serve, mas um guarda-chuva não. Madeira serve, metais não. Vamos fazendo escolhas a partir do momento que temos essa missão, um objetivo para construir. O tempo todo a vida nos traz milhares de ofertas e possibilidades de escolha. Se não sabemos qual é a nossa missão, o que queremos construir, vamos escolhendo conforme aquilo que está na moda, conforme o padrão de um determinado momento em que vivemos, conforme os condicionamentos que recebemos. Ou seja, mais vamos sendo escolhidos do que escolhendo propriamente. E nós temos uma missão: construir a nós mesmos.

Quando temos um sentido de vida claro, que consiste nesse ideal de ser humano que queremos ser, temos a possibilidade de escolher os materiais que nos levarão a essa direção e de definir o que é bom e o que é mau de acordo com a aplicação que tem na construção de nosso objetivo. É um elemento fundamental para que tenhamos discernimento, ou seja, a capacidade de fazer escolhas acertadas. Basicamente, é essa a ideia que se coloca do ponto de vista de uma junção do Oriente com o Ocidente, esse sentido de vida que precisamos colocar em termos muito práticos, visuais para nós. Como dizia **Epicteto**: "As sementes de grandeza de um homem necessitam de uma imagem para florescer e germinar". Ou seja, se temos uma imagem clara do ser humano que queremos ser, podemos começar a trabalhar a nós mesmos visando a esse modelo.

Existe aí uma noção daquilo que é bom que é diferente da ideia que temos hoje em dia, porque consideramos bom tudo que é agradável, e nem sempre isso é correto. A partir do momento que temos um ideal, consideramos bom o que nos leva ao crescimento. Isso nos dá uma visão muito diferenciada, por exemplo, diante das adversidades. Quando paramos para pensar em nossa trajetória, provavelmente os momentos que mais nos fizeram crescer foram aqueles de adversidade. Por uma questão curiosa, o ser humano se coloca mais reflexivo nas dificuldades do que nas vitórias. Assim, bom é o que nos faz crescer, e o agradável deveria coincidir com isso se tivéssemos uma boa formação de caráter.

Platão, n'*A República*,* diz que o ser humano deveria ser educado de tal maneira que ele se inclinasse para aquilo que o leva na direção do bem e rejeitasse, em oposição, aquilo que o regride, o brutaliza. Ou seja, se nós tivéssemos um caráter bem formado, tenderíamos a gostar do que nos faz crescer e a rejeitar aquilo que nos congela, paralisa ou nos faz regredir para uma condição animalizante. Portanto, o ideal seria que nós aprendêssemos a fazer coincidir o bom

---

* Diálogo socrático escrito por Platão, a obra aborda temas diversos, como política e educação, tendo como eixo condutor a definição do conceito de justiça. (N.E.)

com o agradável, e rejeitássemos tudo aquilo que nos puxa para trás; isso seria um caráter bem formado.

Em termos clássicos, esta seria a ideia do sentido de vida: buscar sempre esse arquétipo, esse ideal humano, o máximo de possibilidades que podemos chegar a concretizar, saindo da abstração e colocando isso no papel como algo muito concreto. Sonhando alto, acredito que podemos chegar a ser bem mais do que somos hoje, fazendo da nossa vida um processo de "empurrar as trincheiras adiante". Deveríamos olhar para as adversidades sempre com este pensamento: "Que eu saia do outro lado maior do que entrei". Essa busca daria à nossa vida um enfoque muito mais objetivo e claro do que vale ou não a pena, e uma resiliência muito maior diante das dificuldades.

Despertos ou dormentes?

Clóvis – Eu queria levantar aqui uma inquietação, a respeito do papel legítimo do outro na nossa vida. É evidente que, quando nascemos, estamos muito à mercê daquilo que encontramos no mundo. E muito do que foi dito aqui a respeito de autoconhecimento, de identificação de atributos consistentes de nós mesmos, depende da presença de outros na nossa vida. Podemos, então, levantar uma possibilidade nobre que é a de encontrar pessoas no mundo – vamos chamar de educadores – que, de fato, contribuam para esse ganho progressivo de lucidez a respeito de nós mesmos. Ora, esse é um trabalho de absoluto respeito à particularidade do educando como um ente que tem seus atributos próprios e que precisa dispor de instrumentos reflexivos relevantes para fazer descobertas cada vez mais agudas a respeito de quem é.

Isso é um pouco o contrário do que muitas vezes acontece na educação, que é a definição de modelos existenciais legítimos preestabelecidos e que devem ser seguidos. Seja porque são simbolicamente atrativos, recompensadores, aplaudidos, seja porque materialmente podem trazer conforto e segurança material longeva. Portanto, muitas vezes, seja o leitor quem for, o importante é saber que, na nossa sociedade, você será, digamos, bem remunerado, bem-visto e bem considerado se for por este ou aquele caminho.

Entenda que existe aqui uma possibilidade oposta à primeira, que é de uma tirania social de definição de protocolos que se impõem e que, muitas vezes, encontram personalidades ainda incipientes, ainda frágeis e pouco capazes de se defender ante essa avalanche do que é o modo socialmente entendido como certo ou errado de viver. E o que acaba acontecendo é que não só é fomentada uma certa ignorância de si mesmo, como é consagrada uma deslegitimação de certos atributos. Como disse muito bem a professora, por uma questão de moda, por uma questão de momento, de interesses econômicos, de circulação de capital, de atender às demandas do que os detentores do poder econômico esperam da mão de obra disponível, vamos aprendendo desde muito cedo a colocar valores socialmente legítimos como superiores em relação às nossas próprias inclinações. Passando ou a ignorá-las ou a desprezá-las muitas vezes.

Quem nunca ouviu em casa frases do tipo: "Se quiser ser atriz de teatro, primeiro faça um curso universitário sério e depois vá brincar de teatrinho, porque isso não enche a barriga de ninguém". Ou: "Se quiser tocar flauta, compre uma flauta e brinque, mas primeiro faça um curso sério". Ou seja, um curso socialmente autorizado e supostamente garantidor de um certo conforto material. Qual é a consequência imediata disso? É que o sentido da vida passa a ser o de uma certa sobrevivência cômoda. O que é uma pessoa bem-sucedida senão alguém que consegue ter mais conforto material amanhã do que tem hoje, por conta de suas realizações? Portanto, a partir daí, eu diria que, nos implícitos dessa polifonia em que nos encontramos, ter um apartamento em Miami, viajar para Dubai de primeira classe, dispor da própria aeronave, isso acaba sendo convertido em uma obviedade de sucesso.

Dito isso, eu gostaria de estabelecer aqui uma fronteira entre a vida boa e o tal do sucesso, o qual entendo como uma construção social que se impõe de modo avassalador. Em sociedades de pouca consistência reflexiva, o sujeito que é considerado um bom partido, ou um bom filho, é aquele capaz de proporcionar bens materiais. A ambição e a pretensão de dispor de recursos materiais acaba sendo uma chancela mais do que aceita coletivamente para diferenciar vencedores, indivíduos bem-sucedidos daqueles que podem ser batizados de fracassados, acomodados e de vida, digamos, desprezível. Ora, eu gostaria, então, de mostrar o quanto pode ser difícil para alguém seguir os passos sugeridos por mim em minha primeira intervenção e, sobretudo, de maneira muito mais aguda, pela professora Lúcia Helena na sequência. Porque, muitas vezes, bancar a própria essência na hora de existir implica enfrentamentos gigantescos, até desiguais, bastante problemáticos.

Recentemente, após uma palestra, fui abordado pelo meu contratante. Ele disse que me ouviu com atenção e achou tudo muito interessante. E me contou que o filho estava em idade de prestar vestibular e, inspirado por esses, segundo o pai, professores "da moda", queria estudar História. O pai era contra, porque entendia que o filho, como ele, tinha que estudar Agronomia. E por quê? Porque o pai havia prosperado. E era normal que o filho desse sequência a esse caminho de prosperidade, que levasse adiante os negócios começados pelo pai. Perguntei, então, a ele se, lá atrás, quando foi estudar Agronomia, pôde fazer essa escolha. Ele respondeu que sim. Mas, entendendo aonde eu queria chegar, disse: "Só que no meu caso foi diferente, porque eu comecei do nada. Já o meu filho não começa a vida dele do nada. Ele começa a vida dele a partir da minha. Portanto, ele deve dar sequência à minha".

É interessante porque, muitas vezes, as pessoas ruborescem e percebem o absurdo dos seus propósitos e, com alguma rapidez, procuram arredondar aquilo que disseram. Mas ele não. Ele estava absolutamente convencido de que o direito de escolha que ele teve de buscar um curso universitário alinhado a suas inclinações mais íntimas, o filho não poderia ter. E por quê? Por conta de uma prosperidade previamente adquirida por ele próprio. Mas na vida não há garantias. E isso supondo que o pai seja alguém que ame o filho, que queira o melhor para o filho. Imagine, então, quando não há essa condição afetiva tão clara.

Nossa sociedade não brinca em serviço, digamos assim. Ela aceita muito mal indivíduos que possam desafiá-la. E, muitas vezes, a busca por uma vida alinhada com a própria essência representa

Nossa sociedade não brinca em serviço, digamos assim. Ela aceita muito mal indivíduos que possam desafiá-la. E, muitas vezes, a busca por uma vida alinhada com a própria essência representa uma bofetada na cara de uma sociedade que possui seus protocolos e não tem condição de revê-los criticamente.

uma bofetada na cara de uma sociedade que possui seus protocolos e não tem condição de revê-los criticamente. Passa a aceitá-los como dogma sem nenhum tipo de crivo crítico. Quantas e quantas vezes – e imagino que a professora já tenha passado pela mesma situação – não respondi a perguntas do tipo: "O senhor trabalha também ou só dá aula?". Veja, quando dito assim, isso pode soar como uma pilhéria, uma bobagem, mas é uma profunda estratégia de rebaixamento, de redução de valor. Ou seja, o que fazemos é tão insignificante que não alcança nem mesmo o estatuto de trabalho. É uma espécie de diletantismo irrelevante. Outros me disseram: "Com esse seu jeito de falar, o senhor poderia ter sido alguma coisa muito melhor". Pergunto: "O quê, por exemplo?". "Um senador, talvez". Respondo: "Mas tenho firme convicção de que sou professor". E enfatizo o verbo "ser". "Eu *sou* professor". Em que sentido? De que o fazer docente é profundamente alinhado ao que entendo ser o mais essencial de mim mesmo. Portanto, é legítimo que eu busque uma vida de professor. E costumo provocar: mesmo que seja o professor do seu senador. O professor do seu senador não é necessariamente inferior ao aluno. E vai por aí afora.

Existem essências que são socialmente aplaudidas e ganham impulsos permanentes de aprovação e legitimidade. E existem essências tidas como de menor valor e que são, portanto, desconsideradas e rebaixadas dos mais diversos modos que a sociedade encontra para fazê-lo. Não é por acaso que muitas escolas filosóficas antigas preparavam seus alunos para o enfrentamento do escárnio social. Os cínicos, por exemplo, faziam verdadeiros treinamentos submetendo seus alunos a uma espécie de ridículo social para que ganhassem "casca" e, com isso, se tornassem mais resistentes a agressões desse tipo.

Eu entendo que essa busca por uma vida boa para si pressupõe, muitas vezes, de um lado, o preparo para toda uma socialização que possa ser corrosiva, mas também a possibilidade de encontrar na vida pessoas que sejam profundamente contributivas no sentido de facilitar esse autoconhecimento e essa busca do diagnóstico das próprias essências. **Sócrates** usava a ideia, que eu adoro, de um *daimon* interior, que nos é profundamente social e que, portanto, define o nosso ser mais profundo. E, de certo modo, nos permite, com lucidez e discernimento, uma análise das oportunidades que a vida nos propõe, como disse a professora, que são mesmo infinitas e, muitas vezes, apresentadas de maneira tentadora, convidativa, mas que não têm nenhuma relação com o nosso *daimon* mais profundo, a nossa essência maior.

Penso, então, que um trabalho educativo auspicioso seria justamente aquele a permitir, de um lado, a apropriação de instrumentos cognitivos, de investigação sobre si mesmo, e, de outro, condições emocionais, psicológicas, como se diz hoje em dia, de enfrentamento de todos os obstáculos e pressões que, no mundo, tentarão nos demover de nossas convicções mais íntimas. E digo mais: toda vez que fincarmos o pé para deixarmos clara qual é a nossa essência, há que esperar um desconforto por parte do mundo. Uma reacomodação necessária do mundo. Afinal, não estávamos ali, passamos a estar, e o mundo terá, como tudo o que aparece de novo, que se reacomodar à nossa presença. Portanto, não há que entender a tal da vida boa como uma vida simplesmente doce, simpática, equilibrada, tranquila. Por quê? Porque, justamente, o mundo tenderá a nos "ortopedizar", a nos moldar em função de interesses que, no momento em que estamos nos constituindo, são poderosíssimos e encontram, muitas vezes, pouca competência de resistência de nossa parte.

Ora, seria preciso que tivéssemos uma professora Lúcia Helena em cada escola pública. E se pudéssemos ter dez, aí, então, seria extraordinário. Seria preciso que não fizéssemos dos espaços de educação formal meros trampolins para uma adequação cômoda ao mundo estabelecido. Que tivéssemos condições de ter, nos espaços educativos, mais tempo para a reflexão sobre a vida. Lembrando sempre que, se vamos à escola e se há educação, é porque a nossa vida requer mais de nós do que a nossa natureza pode nos proporcionar. Em outras palavras, não somos propriamente instintivos. Ou não somos completamente instintivos, razão pela qual temos que completar a nossa pobre natureza instintiva com "n" outros atributos que só podem advir do convívio com os outros e de processos educativos. Portanto, eu diria que, por detrás de tudo aquilo que aprendemos na escola, está a necessária reflexão sobre aprender a viver. Porque só o humano, entre os viventes, tem essa necessidade de aprender a viver. Os demais viventes, poderíamos dizer, já nascem sabendo, já encontram em sua natureza todas as respostas de que precisam para existir em sua espécie. O nosso caso é muito singular, em que a nossa natureza não nos garante nem vida boa nem sobrevida. O recém-nascido abandonado à própria sorte será morto em poucos minutos. No nosso caso, temos que nos preparar para viver para além da nossa base instintiva.

Ora, se aprender a viver é o grande mote justificador de todo o processo educativo, por que não o assumir de maneira mais explícita? Por que não fazer da vida boa uma preocupação central da vida escolar? Por que não dar à escola a oportunidade de refletir com os alunos sobre as condições mais fundamentais de uma vida boa? Sem, com isso, abrir espaço para programas existenciais prontos, como, por exemplo, aqueles ditos de autoajuda, que já trazem fórmulas preestabelecidas de como devemos viver, fazendo pouco das especificidades das nossas essências.

Lúcia Helena – Pois é, o senhor falou da aceitação como professor. Agora, imagine alguém que se dedique a uma formação que não é acadêmica e desempenhe um trabalho que não é remunerado. O que isso significa segundo os padrões da sociedade? Tenho 37 anos como professora voluntária; não é uma situação nada fácil.

Lembro de uma frase de um filme chamado *Coração valente*:* "Todos os homens morrem, mas nem todos os homens vivem; alguns apenas sobrevivem". Isso é basicamente o que nós vemos acontecer. Como o senhor mesmo falou, é uma sobrevivência confortável, com o mínimo de incomodidades possível. E esse acaba sendo o sentido da vida. Nós não somos formados para sermos humanamente bons, mas para sermos tecnicamente eficientes e competitivos. Cada vez mais, com a falência da credulidade nas instituições da sociedade, o ser humano fica, muitas vezes, sem ter onde buscar essa formação. Já não há mais aquela certeza sólida de que, através de uma instituição educacional ou de uma religião, se alcance isso. O

---

* Filme americano de 1995, dirigido por Mel Gibson, conta a história de um guerreiro escocês que liderou uma revolta contra o rei da Inglaterra no século XIII. (N.E.)

ser humano fica meio órfão no sentido de encontrar alguém que lhe dê essa formação.

Imagine se contássemos a alguém: "Tirei o primeiro lugar em uma corrida de rua". A pessoa diria: "Nossa, meus parabéns! Quantos concorrentes havia nessa corrida?". "Havia mil participantes, e todos chegaram em primeiro lugar." Aí acaba a graça! Ainda que a marca de tempo seja a mesma, o fato de todos ganharem tira o mérito do vencedor. A vitória só tem sabor se houver 999 derrotados sobre os quais a gente se erga e diga "Eu venci". É uma sociedade que nos forma para sermos absolutamente solitários. Como podemos pensar naquele sonho de uma sociedade fraterna quando o êxito está associado a esse tipo de sucesso em detrimento dos demais?

Recordo que uma vez eu estava em um posto de gasolina quando me entregaram um folheto de uma faculdade. A propaganda dizia: "Destaque-se!". Era um quebra-cabeças em que uma peça subia sozinha. Ou seja, a meta do ser humano é destacar-se, deixar todo mundo para trás e ter sucesso sozinho. E, como já dissemos, nós esperamos que isso construa o nosso tão sonhado mundo fraterno e harmonioso. Nossa informação – porque isso não é propriamente formação – é técnica e, muitas vezes, em vários parâmetros, desumanizadora. Está ficando cada vez mais complicado esperar algum tipo de apoio para que possamos crescer, alcançar a realização e nos tornarmos mais próximos daquilo que realmente nascemos para ser, dessa contribuição que nascemos para dar ao mundo.

Gosto muito de uma história antiga, que conta sobre a Batalha de Maratona – e que é a origem da prova olímpica que temos com esse mesmo nome até hoje. Foi uma batalha especificamente entre atenienses e persas. Como os atenienses estavam em bem menor número de guerreiros, disseram aos habitantes de Atenas: "Se não voltarmos até o pôr do sol do terceiro dia, é porque fomos derrotados. Retirem todos os símbolos sagrados e ateiem fogo na cidade, para que os persas não profanem a nossa terra". E assim percorreram 42 quilômetros até a planície de Maratona. Travaram a batalha e, de tão envolvidos que estavam com a ideia de salvar Atenas, por uma dessas razões misteriosas que a história não explica, embora seu número de guerreiros fosse de cerca de metade do efetivo inimigo, eles venceram. Na manhã do terceiro dia, colocaram os persas para bater em retirada, mas os guerreiros atenienses precisavam voltar para Atenas antes que anoitecesse. Pediram, então, a um velocista (atleta de corridas) chamado Fidípides que corresse até lá e avisasse que eles haviam vencido (existe uma estátua, inclusive, que o mostra correndo com seu escudo e uma tocha na mão). Fidípides estava exausto, porque ele havia lutado na batalha da mesma forma que os outros, mas se pôs a correr imediatamente. Quando chegou a Atenas, ele teve fôlego para dizer uma única palavra: *nenikekamen!*, vencemos. E tombou morto.

Fico imaginando que todos nós temos, também, uma palavra qualquer para dizer ao mundo antes de tombarmos, o nosso *hieros logos* (palavra sagrada), esse recado que temos para dar ao mundo; do contrário, algo tão precioso quanto Atenas vai se perder. E essa espécie de "achatamento", que o professor descreveu tão bem, das circunstâncias não nos deixa sequer descobrir que essa palavra existe, que dirá trazê-la à tona. É realmente necessário criar uma proteção, uma resistência que nos permita prosseguir nesse ofício de conquistar e entregar a nossa palavra sagrada. Existe uma passagem no belo livro sagrado budista, o *Dhammapada*, que diz que, mais do que mil palavras sem sentido, vale uma única palavra que traz consolo a quem a ouve. Essa nossa palavra sagrada, esse *hieros logos*, não pode deixar de ser pronunciado; nós temos que saber encontrá-lo, mesmo contra essa resistência alienante que o meio exerce.

Algo que aconselho, em primeiríssimo lugar, é darmos atenção às nossas inquietudes; isso é fundamental. Nós estamos dentro de um mundo onde a inquietude é considerada um problema, algo que rompe com a normalidade do nosso funcionamento social, ou seja, quebra o ritmo da nossa produtividade. Eu conheci um posto de trabalho onde havia uma série de campanhas para prevenir o absenteísmo. Porém, não havia uma preocupação pelo fato de que alguém tivesse adoecido, mas porque, se ele faltasse ao trabalho, isso diminuiria o resultado do processo produtivo. Isso me chamava a atenção, porque, por trás daquela linguagem tão rebuscada, havia um certo cinismo (no sentido moderno, não no sentido clássico) desumanizador.

Nossas inquietudes são caladas e, muitas vezes, medicadas para que a gente se enquadre dentro dessa chamada "normose", dessa normalidade produtiva que se espera de nós. E nós, muitas vezes, aceitamos e achamos que as nossas inquietudes são um distúrbio, e não um privilégio. Por isso, eu aconselho: considere as suas inquietudes como um momento privilegiado, um momento de crescer; leve-as a sério. Tente descobrir o que elas estão querendo te dizer. Isso é fundamental e é, de fato, um privilégio.

Nossas inquietudes são caladas e, muitas vezes, medicadas para que a gente se enquadre dentro dessa chamada "normose", dessa normalidade produtiva que se espera de nós. E nós, muitas vezes, aceitamos e achamos que as nossas inquietudes são um distúrbio, e não um privilégio.

Conta-se uma anedota de que, um dia, os discípulos de

Sócrates perguntaram a ele: "Mestre, o senhor fala tão bem, é um filósofo tão arrebatador nas coisas que diz. Por que não pegamos os trinta tiranos de Atenas, os amarramos nessas cadeiras, para que o senhor fale a eles por horas a fio sobre filosofia? Quando os soltássemos, todos eles teriam se convertido em filósofos. Acabaria o problema de Atenas". Sócrates teria dado um sorriso condescendente e dito: "Vejam, minha mãe, Fenaretes, era uma excelente parteira, mas tem uma coisa que ela jamais conseguiria: fazer uma mulher que não estivesse grávida dar à luz". Tampouco eu sei como se faz uma mulher que não esteja grávida dar à luz; não sei o que fazer com as pessoas que não têm essa inquietude, e que consideram a normalidade, esse modo de vida apresentado, como a única coisa a se fazer. Não sei muito bem como alcançar essas pessoas. Mas aquelas que estão grávidas, aquelas que têm inquietude, essas podem ser ajudadas em seu "parto". Essa inquietude é que vai dar vida à sua própria identidade, que vai fazer com que seja possível que ela pronuncie a sua palavra sagrada, que dê o seu recado ao mundo. Enfim, considere as suas inquietudes com seriedade, dedique-se a elas, ou seja, tenha um espaço de reflexão para buscar o que está por trás delas.

Abra um espaço para pensar acerca de tudo o que lhe é dito e investigar quais são os seus fundamentos. Abra espaço de reflexão na sua vida para pensar: "Quais desses pensamentos que estão na minha mente são realmente meus? De quais deles eu participei desde o momento da observação da vida, de reflexão, de criação de uma ideia e adoção de um conceito? Esse processo foi feito por mim? Ou foi uma espécie de 'clonagem mental', um *software* pronto que adquiri? O que realmente é meu?".

Precisamos lembrar que, etimologicamente, a palavra "inteligência" vem de *inter* mais *legere*, que significa "escolher dentre" – escolher, dentre as coisas que a sociedade diz que somos, quem realmente somos nós. Somos aquilo que o meio ou a nossa inquietude nos sugere? Esse mergulho em quem realmente somos tem que ser uma curiosidade permanente. Precisamos nos perguntar: "O que é isso que dói dentro de mim?". Tenho a sensação de que muitas das dores do mundo – e que são tantas hoje, como angústia, depressão, às vezes com resultados trágicos – podem vir desse "parto" de nossas próprias ideias, daquilo que de fato somos, que não é realizado. E o mais angustiante é que, segundo o modelo convencional de vida, as pessoas não têm razões concretas pelas quais sofrer. Às vezes, elas têm uma profissão lucrativa, uma família estruturada e, ainda assim, a angústia não cessa. Isso deve ser terrível, porque elas não encontram uma resposta para esse sentimento, e começam a se sentir "anormais". Fico imaginando uma mulher grávida que, no momento do parto, por alguma razão, não queira deixar a criança nascer. Imagino o quanto isso deve ser doloroso, insuportável, antinatural, e a dor crescente que deve provocar.

Imagine não deixar nascer nossa inquietude, que está querendo trazer à tona algo da nossa essência. Imagine o nível de angústia que o fato de ficar segurando esse parto pela vida afora deve trazer. Precisamos dar ouvidos às nossas inquietudes, utilizar o critério da reflexão diária sobre a nossa vida. Diz-se que, na escola de Crotona,* **Pitágoras** pedia que seus discípulos fizessem um diário, exatamente com essa intenção de refletir: no dia de hoje, caminhei em direção ao meu ideal, fiquei parado ou dei um passo na direção contrária? Porque é possível corrigir um único dia em que nos desviamos, retomando o caminho no dia seguinte. Agora, se passamos um longo tempo sem atentar para onde estamos nos dirigindo, podemos ficar tão longe de nossos ideais, caminhar tanto na direção contrária, que chegará um determinado momento em que pensaremos que não vale mais a pena, não dá mais tempo. Portanto, temos que avaliar diariamente: se saí do caminho, o que foi tão forte que me roubou de mim mesmo? O que havia do lado de fora que eu desejava tanto a ponto de trocar isso por minha identidade? Aí, criaremos uma estratégia para nos prevenir,

* Escola fundada por Pitágoras na cidade de Crotona, sul da Itália. (N.E.)

para que, quando passarmos outra vez por esse elemento apelativo, possamos resistir. Ou seja, temos que dar ouvidos à reflexão diariamente, analisar a nossa vida, compará-la com nossos sonhos, perguntar pelas nossas inquietudes, ver o que realmente elas querem de nós.

Atualmente, tenho feito uma leitura comentada de um livro de **Cícero**, *Sobre a amizade*, que é uma pequena preciosidade. Ele fala sobre a necessidade de estabelecermos amizade, contato com aqueles que, de alguma maneira, também querem se libertar e encontrar o seu próprio lugar. Quando uma pessoa dessas passa por nós, não devemos perder a oportunidade de travar contato; é um privilégio ter um amigo assim. Imagine ter alguém que compartilhe da sua mesma ânsia por equidade, por justiça e outros valores, e não abra mão de alimentar isso nos outros. Acredito que essa tenha sido a origem, por exemplo, das escolas de filosofia: a busca conjunta por um sentido legítimo de vida, por achar a raiz de nossas inquietudes. Precisamos, portanto, alimentar amizades dessa natureza, que Cícero define como uma das maiores dádivas da vida. É claro que devemos ter empatia, compreensão e uma capacidade de convivência com o máximo de seres humanos, mas é importante alimentar essa relação com aqueles que compartilham conosco esse sublime atrevimento de querer dar respostas às suas inquietudes e realizar os seus sonhos.

Heráclito, o filósofo pré-socrático, disse que os despertos possuem um mundo em comum, mas os que dormem voltam aos seus mundos particulares. Ou seja, de certa maneira, aqueles que estão despertos acabam se encontrando e podem reforçar isso mutuamente entre eles. Não devemos, é claro, considerar que somos superiores aos demais por isso, mas devemos entender a natureza e a lei da necessidade como algo positivo que nos arrasta na direção em que nós, de fato, devemos ir. A lei da necessidade, segundo os estoicos, é aquela que trabalha para que caminhemos na direção que nos corresponde, de nosso crescimento como seres humanos. Se temos inquietude, se temos necessidades, estamos grávidos. Não há que ignorar essa gravidez; há que caminhar decididamente na direção dela.

Clóvis – Heráclito é conhecido no senso comum pela ideia de que não podemos nos banhar duas vezes no mesmo rio, porque, na segunda vez, o rio já não será o mesmo. E nem nós. Portanto, Heráclito usa essa alegoria para falar da mudança, do trânsito, do fluxo, da impermanência. Mas a professora, com muita propriedade, trouxe um elemento dos fragmentos de Heráclito que é menos mencionado, que é a divisão das pessoas em dormentes e despertos. E, claro, Heráclito tinha, ele mesmo, um entendimento profundamente aristocrático do mundo, e isso faz com que os despertos sejam pouquíssimos. Aqueles que ele chamava de "os mais" (numerosos) eram mesmo os adormecidos, pessoas que, em sua visão, estavam distantes de algum tipo de busca da sabedoria. Heráclito até observava que os despertos eram seguidores dos verdadeiros sábios – e suponho que ele se incluísse aí. Os adormecidos seriam seguidores de falsos sábios, pessoas que encantam ao falar, pelas suas promessas, pela facilidade do que dizem, mas que, no fundo, são enganadores.

Eu entendo que o adormecimento para a vida do senso comum é uma alegoria muito interessante que deve ser considerada. Muitas vezes, os indivíduos mais "antenados" ou, então, concernidos por uma vida na competição do mundo, por uma vida inserida no chamado mundo da técnica, da competitividade mais simplória, mais rasa, costumam ser entendidos como os despertos – e por que não dizer como os espertos? Justamente, são esses os mais despreparados para a reflexão. E, portanto, são os mais adestrados a viver o mundo da técnica tal como ele exige, ou seja, um mundo do desenvolvimento de meios e de ignorância dos fins. É um mundo em que nos acostumamos ao aperfeiçoamento dos meios, mas com um total desprezo pela reflexão sobre aonde queremos chegar – ou incompetência para essa reflexão. É um mundo em que damos ênfase total aos instrumentos. Por isso, alguns chamam de razão instrumental, e ignoramos completamente os fins e objetivos finais ou propósitos finais, que seria uma razão objetiva absolutamente destruída.

Curiosamente, os despertos do senso comum são os adormecidos de Heráclito. E os despertos de Heráclito são os adormecidos do senso comum. Há realmente uma inversão. Ou seja, os indivíduos que são capazes de buscar sabedoria através de uma postura de reflexão crítica distanciada e criteriosa das ideias em circulação no mundo do dia a dia, muitas vezes, são vistos pelos abilolados do sistema com uma desconfiança de desdém. São denominados alienados ou lunáticos. Ora, a pergunta é: a quem interessa que esse tipo de sociedade se reproduza de modo tão consistente? Ou seja, que o número de adestrados que se deixam arrebanhar para o mundo produtivo e de eficácia seja cada vez mais numeroso, e que menor seja o número de indivíduos que se permitem olhar para o que acontece e perguntar: "Será que precisa mesmo ser assim? Que tipo de vida boa buscamos? Que tipo de sociedade justa perseguimos? Que tipo de humanidade auspiciosa almejamos?". E aí, é claro, dada a sua excepcionalidade e sua raridade, essas pessoas acabam encontrando alguma dificuldade de pertencimento, de inscrição no mundo dos coletivos.

Buscar o próprio caminho

Clóvis – Quando chego para dar uma aula ou palestra, existem vários tipos de auditório possíveis. Existe aquele auditório de pessoas que foram lá para me ouvir porque têm um interesse genuíno pela minha fala. É um tipo de situação maravilhosa para mim, porque todos ali estão, realmente, muito interessados no que vou dizer. Mas esses são os cenários mais raros. O mais comum é eu ser contratado para falar para indivíduos que se veem obrigados a estar ali. E que nem sempre estão ali de bom grado. Ou que, certamente, estariam fazendo algo mais produtivo do que se sentar ali para me ouvir. O que observo? Que há aqueles que me dão três minutos de crédito para ouvir o que tenho a dizer e há aqueles – estes eu gostaria de destacar mais – que não me dão nenhum segundo de chance de seduzi-los, de trazê-los para a reflexão. Antes que eu os cumprimente, já colocam o celular entre mim e eles próprios, como se estivessem dizendo: "Seja você quem for, tenha o que tiver para dizer, eu não considerarei a sua fala. Estou hermeticamente fechado ao que você tiver para me dizer".

Fazendo referência ao que a senhora disse, professora, quando maravilhosamente lembrou do que Sócrates respondeu a seus discípulos, e trazendo também **Aristóteles** e a questão de quem nasceu primeiro, um ovo de galinha poderá dar pinto ou não, mas dele não sairá um peru. Ou seja, não há o que fazer sobre certas coisas. E, naturalmente, a mãe de Sócrates, por mais excelente parteira que fosse, não conseguiria fazer uma mulher que não estivesse grávida dar à luz. Portanto, podemos colocar quem quer que seja para falar. A partir do momento que o interlocutor se recusa a ouvi-lo, não há o que fazer. É um terreno de tal maneira hostil e blindado a essa subversão que a palavra poderia sugerir que, seja qual for a estratégia do orador, ela encontrará *a priori* um espírito fechado, impenetrável. Ora, talvez seja esse o dormente de Heráclito. Ao passo que o indivíduo que dá a seu interlocutor três minutos de crédito é aquele que, embora não tenha ainda se aproximado de nenhum tipo de verdade ou sabedoria, intui que possa haver no mundo ideias, reflexões, uma vida do espírito que ainda não é a dele, mas que pode vir a ser. Para essa pessoa, há o que dizer. É possível pegá-la pela mão e conduzi-la. É possível empurrá-la, com força e energia, para fora da caverna, para que consiga, em algum momento, enfrentar a luz. Já outros estão absolutamente convencidos de que o mundo é o interior da caverna, e que a condição de escravo acorrentado é a única possível. Nesses casos, realmente, o desafio parece transcender qualquer iniciativa.

É claro que essa não é uma resignação conformista, mas sim uma questão de avaliação pura e simples do que acontece no mundo todo dia, quando nos dispomos a refletir sobre ideias, sobretudo quando começamos por dizer que estamos ali para fomentar a reflexão, e não para substituir uma falsidade por uma verdade. Estamos ali para criar condições para que o interlocutor consiga, por si mesmo, revisitar o seu espírito, reavaliá-lo, redimensioná-lo e crivá-lo de uma intervenção crítica que possa sugerir um certo aperfeiçoamento – mas por conta dele, interlocutor. Não se trata de determinar: "Veja, eu sou o porta-voz da verdade. Eu tenho a verdade no meu discurso. O que foi dito até aqui, que é o que povoa o seu espírito, é falso. Por isso, vim fazer uma faxina no seu espírito para que você possa pensar o certo". Não. É um pouco diferente. Trata-se de criar condições para que o interlocutor possa fazer a sua conjectura, realizar o seu trabalho de intelecção no sentido de avaliar por conta própria as certezas que tomava por justas até então e confirmá-las, refutá-las, reconsiderá-las ou reavaliá-las, e assim por diante.

O que estamos sugerindo é que caberá sempre ao interlocutor a maior parte do trabalho de construção do seu espírito através de novos caminhos, de novos instrumentos de análise, de novas formas de pensamento. E que nada de completamente pronto poderá ser oferecido. Por isso, quando competimos no mercado das ideias com falastrões, parlapatões de alta monta e, sobretudo, prometedores de facilidades de alcance imediato, o desafio se torna imenso. Porque somos obrigados a fazer ombro a ombro, em disputa ferrenha, com quem traz "hábitos da pessoa feliz" ou "10 lições para prosperar". Talvez haja também "50 estratagemas para nunca se dar mal". Ou, ainda, "200 artifícios para enriquecer dia a dia", "2 artifícios para deixar uma mulher eufórica na cama". Enfim, tudo isso que o mundo do YouTube promete diariamente de modo ensandecido. Conclusivo o tempo inteiro, eu diria. Trata-se de concorrer contra o que está pronto oferecendo apenas alertas e a possibilidade de novos caminhos para que, autônoma e soberanamente, o interlocutor realize o filé *mignon* do trabalho do seu espírito.

Oferecer autonomia intelectiva é oferta pobre diante da oferta de uma escravidão de pensamento a partir de fórmulas prontas. Digo: "Veja, o que estou propondo é que você soberanamente reflita com seus próprios botões sobre a sua própria vida enquanto vivente preparado para autoavaliação, superior a qualquer outra pessoa. Ninguém entende mais de você do que você mesmo, supostamente", ao passo que outro oferece: "Vou lhe dar cinco artifícios que, aplicados conjuntamente, farão você feliz". Ora, quem propõe cinco artifícios, ou cinco verdades, ou cinco fórmulas, está tirando do interlocutor a sua soberania intelectiva, a sua autonomia. Está propondo uma forma contemporânea de escravidão. Em vez de ser um capataz que chicoteia e obriga à vida de acordo com o que está sendo ordenado, ele abre mão do chicote, da condição de capataz e se coloca na condição de influenciador, de um *youtuber* que, por alguma vivência ou experiência própria, ou por alguma inteligência especial que é a própria, sabe o que qualquer um, seja o interlocutor quem for, deve fazer para ser feliz, ou ganhar dinheiro, ou ter sucesso, ou "trincar o abdômen", ou emagrecer em três dias, ou deixar de ser calvo, ou aprender inglês em 15 minutos. As promessas são infinitas! Portanto, o mundo articula para que o entendimento a respeito da própria especificidade seja desprezado em nome de uma tirania de cunho universalizante. Seja você quem for, os "hábitos da pessoa feliz" são esses. E deve ter também os "hábitos da pessoa *para sempre* feliz". Veja que interessante. Se você quiser ser apenas feliz, o livro é um, mas se quiser ser *para sempre* feliz – não sei o que seria isso –, aí os hábitos são outros. A desfaçatez é muito grande. É um desrespeito com a inteligência do interlocutor. Como alguém que nunca me viu pode ter a pretensão de saber mais a meu respeito do que eu mesmo, que convivo comigo há 60 anos? É uma presunção de superioridade tão avassaladora que me deixa absolutamente perplexo.

As pessoas que têm medo da liberdade, da autonomia, que se sentem desconfortáveis com a inteligência, com a soberania de decidir sobre a própria vida preferem se submeter a uma vida preestabelecida e pronta a ter que encontrar por conta própria o seu caminho singular e particular. Até porque, se algo der errado, a culpa não será delas, mas sim de quem as mandou fazer o que fizeram. Isso tira dos ombros a responsabilidade de ter tomado uma decisão equivocada a respeito da própria vida: "Por que me deixei escravizar? Eu fiz o que o outro mandou. Se não deu certo, eu não sou sequer responsável pelas consequências danosas dessa que foi a minha

As pessoas que têm medo da liberdade, da autonomia, que se sentem desconfortáveis com a inteligência, com a soberania de decidir sobre a própria vida preferem se submeter a uma vida preestabelecida e pronta a ter que encontrar por conta própria o seu caminho singular e particular.

submissão". Ora, se fórmulas prontas, sejam elas provenientes do Vale do Silício ou de onde for, garantissem a vida boa de qualquer pessoa – porque, a partir do momento que alguém escreve um livro ou compartilha um vídeo no YouTube sobre isso, está dizendo que aquilo é válido para qualquer um que consumir aquela mensagem –, já teríamos erradicado o fracasso existencial no mundo. Já teríamos erradicado a tristeza no mundo. Já teríamos erradicado o vazio de alma no mundo. Bem, vamos concordar que estamos longe desse resultado.

Como posso ter a pretensão de saber mais sobre o leitor do que ele mesmo? O que tenho a dizer mal e mal vale para mim, quanto mais para quem me lê, que eu não sei quem é. Como posso ter a pretensão de mandar alguém viver assim ou assado? O que posso é sugerir que alguns instrumentos de intelecção próprios do campo do conhecimento, que no caso aqui é o filosófico, podem ajudá-lo, a partir da vida ativa do seu espírito, a encontrar soluções existenciais que lhe sejam auspiciosas. Mas isso requer a responsabilidade de assumir as rédeas da própria existência, e não contar com o apoio do guru da vez. Esses gurus não mentem quando falam em autoajuda – é uma significativa autoajuda para *eles*. Não há um que seja economicamente pobre. Podemos até ler com curiosidade o que eles tenham a dizer. Mas tenhamos três quilômetros de recuo crítico. O que permitiu vida feliz em

Oklahoma, por exemplo, não tem como assegurar vida feliz em Jaú. Porque os habitantes de Jaú e a vida nessa cidade guardam singularidades e especificidades que só aqueles que estão ali poderão digerir com lucidez e inteligência.

Lúcia Helena – A *Bíblia* diz: "Conhecereis a verdade e a verdade vos libertará". Como interpreto isso? Entendo que a busca por algum grau de verdade, que é bastante legítima, gera liberdade, e não escravidão. Isso é algo que eu gostaria de deixar claro. Imagine que uma dessas fórmulas prontas realmente traga algum grau de verdade e de sucesso seja lá no que for que esteja prometendo, da dieta de emagrecimento ao enriquecimento material. Ainda assim, o preço que se paga por esse relativo sucesso é o preço da escravidão, de ficar subordinado ao guru da moda, que vai estar sempre ditando regras aos outros, e jamais ser capaz de encontrar as próprias saídas para as suas necessidades. Isso é se declarar incompetente para criar as próprias regras, ou pelo menos para buscá-las. Portanto, ainda que esse fim fosse alcançado em algum grau, o que é altamente duvidoso, seria um preço custoso demais. Seria abandonar o seu próprio ser, a sua própria identidade, e entregar as rédeas da sua vida nas mãos dos *influencers* da moda, como condição para realizar qualquer coisa. Você faria essa troca? Não, nem mesmo naqueles programas de auditório antigos, em que se trocava um chiclete por um carro. Nem ali seria cabível.

Existe uma anedota histórica, daquelas que nunca saberemos se é verdadeira ou não, de quando os espanhóis, sob o comando de **Francisco Pizarro**, avançaram sobre o Peru e criaram toda uma estratégia de guerra contra o Império Inca, na qual eles atacavam o exército inimigo pela retaguarda, quando este descansava, ou destruíam as cidades das quais os guerreiros tinham se ausentado, massacrando mulheres e crianças, ou queimavam as plantações, promovendo a fome. Enfim, eles usaram todo tipo de estratégia suja que é possível, aliando-se a tribos inimigas dos incas inclusive, prometendo butins de guerra. Passado algum tempo, os incas foram sendo derrotados, e se reduziram a uma resistência em uma cidadela nas montanhas, que é Vilcabamba. Restaram poucos lutando ainda contra os espanhóis. Conta-se que Pizarro, então, para evitar maiores desgastes em combate, enviou um embaixador para conversar com o líder da resistência inca, em uma tentativa de negociar a rendição dele, e não conseguiu. Já se retirando, o embaixador quis aproveitar a oportunidade para fazer uma pergunta ao líder: "Tenho curiosidade de saber uma coisa: na primeira vez em que lutamos, vocês desconheciam as nossas estratégias, as nossas técnicas. Entendo que vocês fossem derrotados uma vez, duas ou três vezes. Mas e a quarta, a décima, a vigésima, a trigésima vez? Por que vocês não começaram a usar as nossas mesmas técnicas contra nós? Por que não nos imitaram?". O líder inca teria respondido: "Nós, incas, só queremos a terra se for para permanecermos em pé sobre ela. Se for para rastejarmos sobre a terra, preferimos deixar para vocês". Veraz ou não, acho essa história muito ilustrativa, porque há certos preços que realmente não vale a pena pagar, ainda que o benefício pareça muito compensador.

Não existe nada mais sagrado do que realizar a nossa identidade, dar o nosso recado, como eu falava antes, fazer aquilo que nos trouxe ao mundo, que consideramos como a missão da nossa vida. Portanto, há vantagens que, além de serem escassamente obtidas, se são obtidas em alguma medida, cobram um preço muito alto. Não recomendo ir por esse caminho. Ainda que cometa um monte de erros, se a busca for sua, você terá amadurecido muito no trajeto. Evidentemente, qualquer pessoa que orienta as demais pode iluminar possibilidades para que o outro faça escolhas, mas não deve nunca fazê-las pelo outro. Esse é um tipo de subordinação que embota o nosso discernimento e, de fato, escraviza. E, como dizíamos anteriormente, a verdade naturalmente deve libertar.

Prosperidade e propósito

Lúcia Helena – Todos que me conhecem sabem que gosto muito de buscar a etimologia das palavras. E particularmente a etimologia da palavra "prosperidade" é muito interessante: vem de *spes*, que é a mesma raiz da palavra esperança. Prosperidade significa colocar-se a favor, ou seja, *pró*, das suas esperanças. Quais são as nossas esperanças, nossas expectativas de realização? Lembrando do caso que o professor contava, do agricultor que queria que o filho também estudasse Agronomia, esse pai encontrou uma realização, que é a dele próprio. Obteve sucesso material até determinado ponto e agora quer que o filho perpetue isso. Esse é o objetivo de vida do pai, mas pode ser que o objetivo de vida do filho seja totalmente outro, que as suas esperanças sejam outras. O filho pode não achar necessário, por exemplo, viajar de férias para a Disney ou para a Europa todo ano: ele pode preferir ter férias onde se sinta em paz e consiga fazer alguma coisa que eleve sua consciência. Ele talvez tenha esperanças totalmente diferenciadas para o ápice da sua vida, e deveria ser fiel a isso, colocar-se a favor dessas esperanças.

Sem querer ditar verdades absolutas, mas trazendo apenas um ponto de vista, particularmente, eu acho que uma prosperidade muito interessante para o ser humano alcançar seria conquistar um nível de consciência em que ele pudesse começar a pensar não apenas em si próprio, no que deseja, no que quer ter, mas em como pode contribuir para o mundo, para toda a humanidade. Ou seja, como ser fator de soma, fazer a diferença, não viver em vão. Poder olhar para trás e dizer: "Estou um pouco melhor do que eu era quando cheguei aqui, e o mundo ficou um pouco melhor porque existi. As pessoas que conviveram comigo cresceram por causa dessa convivência. Fiz diferença, não vivi em vão". Essa seria uma ideia de prosperidade muito interessante para adotarmos.

Algo que nos faz sofrer muito é ficarmos nos afogando, como se diz popularmente, em copo d'água. Se olhássemos para o rio que é a humanidade, trabalharíamos para alguma coisa mais ampla, e não estaríamos supervalorizando meia dúzia de propósitos pessoais que não foram atendidos.

Quando pensamos na dor da humanidade, na necessidade do todo, e trabalhamos para esse fim na medida das nossas possibilidades, damos a isso um valor que, acredito, trará uma realização muito grande e tornará nossos problemas pessoais comparativamente pequenos, que é o que realmente são. Hoje, isso já possui um aval científico inclusive: há muitos médicos recomendando a pessoas que passam por crises e por situações psicológicas complexas, que se dediquem a um trabalho voluntário, em prol dos demais, e isso tem apresentado muito bons resultados.

Quando paramos de pensar apenas em nós mesmos e ampliamos a nossa expectativa, com esse desejo de fazer a diferença, de somar, algo em nós muda profundamente. Para mim, uma das coisas mais agradáveis que podemos viver é quando alguém nos diz: "Graças a você, realizei meus sonhos". Isso é como se a vida estivesse ganha: beneficiamos alguém, fizemos a diferença na vida de uma pessoa. Por outro lado, uma das piores coisas que podemos ouvir é quando alguém diz: "Apesar de você, eu consegui realizar meus sonhos". Nesse caso, é como se estivéssemos sendo um obstáculo na vida do outro: se não existíssemos, talvez a outra pessoa crescesse mais. Quando isso acontece, significa que não estamos dando sentido à nossa vida, não estamos sendo um fator de soma pelos lugares por que passamos, como eram os pitagóricos.

Conta-se que todo mundo sabia quando os pitagóricos passavam, pela maneira como ficavam os ambientes e pelo modo como eles tratavam as pessoas: tudo e todos se beneficiavam pela passagem deles. Eu percebo isso como um sinal de prosperidade muito significativo, que dá a sensação de uma vida que foi bem empregada, que fez a diferença. Uma contribuição que, de alguma maneira, transformou o mundo em um lugar melhor. Em certa medida, é algo equivalente à escolha de Aquiles.* Entre uma vida curta e gloriosa e uma vida longa, mas absolutamente anônima, dedicada a suas necessidades pessoais, Aquiles prefere a primeira opção. Esse sentido de glória tem uma alta dose dessa capacidade de ir além dos limites estreitos da personalidade. Não acho que isso seja uma fantasia, um sonho inalcançável, uma utopia: acredito que seja um sonho viável, sim. E acredito que, se toda a humanidade alimentasse esse tipo de sonho, nós teríamos, com certeza, um mundo bem mais plausível, bem mais humanista, bem melhor de se viver.

Acredito que um elemento fundamental para a realização seja a integração do ser humano ao mundo, no sentido de ele se sentir uma célula responsável pelo corpo que habita. Sei que isso é bem lugar-comum para se falar

---

* Herói da mitologia grega, conhecido por sua força, coragem e por seu ponto fraco, o calcanhar. (N.E.)

hoje, mas não deixa de ser uma verdade: uma célula que pensa apenas em si própria é uma célula cancerígena, que pode gerar a morte do corpo todo. Nós somos parte de um corpo, e deveria interessar a todos nós que esse corpo esteja bem, que as dores do mundo sejam um pouco minimizadas, que a nossa vida adquira um sentido real ao se comprometer com o drama da humanidade.

Nós somos parte de um corpo, e deveria interessar a todos nós que esse corpo esteja bem, que as dores do mundo sejam um pouco minimizadas, que a nossa vida adquira um sentido real ao se comprometer com o drama da humanidade.

Admiro muito o trabalho de um quadrinista brasileiro chamado **Caetano Cury**. Os desenhos dele, em aquarela, são bem filosóficos, além de muito bonitos. Em um de seus quadrinhos, vemos um homem que está assistindo a uma TV que mostra uma cena de guerra: pessoas sendo mortas, bombas explodindo, aquele caos. O homem, então, desliga a televisão e diz: “Chega! Vou acabar com isso agora”. Ele pega o telefone, liga para o irmão, com quem não falava há anos, e pede desculpas. O irmão também se desculpa com ele. Depois disso, o homem desliga o telefone e fala: “Pode ser que ninguém tenha percebido, mas, neste momento, a humanidade deu um pequeno passo em direção à paz mundial". Acho essa história brilhante e muito elucidativa. Sejam pequenos, médios ou grandes, esses são os passos que nos correspondem, os passos possíveis. Devemos banir da nossa vida aquilo que, em grandes proporções, aflige o mundo; são passos que, ao influenciar os demais pelo exemplo, fazem a diferença, sim. Acho que, se todas as nossas atitudes fossem pautadas nesse interesse de beneficiar o todo, seríamos seres humanos muito maiores, muito mais potentes quanto à nossa própria identidade e realização.

Há uma passagem na tradição oriental que fala que dentro de nós existem vários pequenos centros. Curiosamente, **Carl Jung** também falava disso, e definia esse espaço como nosso campo de consciência. Existem vários núcleos periféricos: interesses, traumas, preconceitos, inércia, uma porção de coisas. Dentro desse campo de consciência, às vezes, é difícil encontrar a si próprio, encontrar o seu eu, aquilo que realmente somos, que é o centro do campo. E uma dica para encontrar quem realmente somos é buscar a ideia do bem – a tão grande ideia do bem de que fala Platão n'*A República*. É como se ela fosse a mãe de todas as ideias. Ou seja, quando agimos segundo a ideia do bem, procurando beneficiar o próximo e o mundo sem segundas intenções, com o maior discernimento que possuímos para reconhecer o bem, estamos agindo legitimamente através de nós mesmos, através do centro, porque a ideia do bem, em essência, é da mesma natureza que a do nosso ser mais profundo. Portanto, se quisermos nos encontrar dentro de nós mesmos, basta buscarmos o momento em que o bem dirigiu os nossos passos. Ao exercer essa ideia ao máximo que a nossa compreensão nos permite, perceberemos que são exatamente esses os momentos em que somos realmente nós, momentos de legitimidade. Um exercício interessante, aliás, é perguntar-se à noite, antes de dormir: "Em que momento do dia de hoje eu fui fiel a mim mesmo e me mostrei ao mundo como realmente sou, sem máscaras?".

É claro que, na busca de exercer essa ideia do bem, a nossa própria visão do bem vai se aperfeiçoando, vai se alargando, tornando-se mais profunda e verdadeira, mais abrangente à medida que vai sendo praticada. Como dizia Aristóteles, as virtudes se formam pela prática e se perdem pelo desuso, ou seja, ampliamos nossa possibilidade de compreensão do que é um bem maior, para nós, para o todo, para a humanidade, conforme buscamos exercer esse bem que já temos conosco. À medida que o praticamos, nossa identidade se torna mais legítima. Portanto, acredito realmente que essa busca da unidade como um todo – a unidade da humanidade, da natureza, da vida – dá ao ser humano um grau de realização e de prosperidade muito grande.

Como analisava a tradição pitagórica, tudo parte da unidade e chega na década, e, no número dez, um mais zero é um novamente. Ou seja, tudo sai da unidade e tudo volta a ela. Na tradição oriental, essa é também uma ideia muito forte: tudo no universo caminha para a unidade. Quando nós nos colocamos de maneira coerente com esse fluxo do universo, isto é, buscando trabalhar para a unidade tanto dentro quanto fora de nós, encontramo-nos em um progressivo estado de realização, de prosperidade. Cada um terá que encontrar os seus caminhos, as suas ferramentas, mas acredito que a busca de fazer da vida algo útil mais do que apenas para si próprio é bastante válida para chegarmos à tal da prosperidade. Em vez de pensarmos: "O que é melhor para mim, o que me traz mais vantagem?", teríamos que refletir: "Qual decisão minha pode beneficiar o maior número de pessoas, além de mim?". Ou seja, como as nossas decisões podem estender os seus benefícios para um círculo maior de seres. Isso vai quebrando a tônica de um dos maiores males do mundo, na minha opinião, que é o egoísmo.

A tradição tibetana tem uma passagem muito bonita que diz que o maior mal do mundo é a heresia da separatividade – que é o egoísmo, trocando em miúdos. É quando acreditamos que existe entre nós e o outro um espaço vazio, quando pensamos que o que fazemos não atinge a outra pessoa em nada, e que o que ela faz também não nos atinge. Por exemplo, o lucro de um poderia causar prejuízo para o outro sem nenhum problema: o que um ganhasse, o outro perderia, sem nenhuma ligação entre um e outro. Mas, para a tradição tibetana, não existe intervalo de "não ser" entre um ser e outro; o universo é um contínuo onde ser toca ser. Nesse contínuo, o meu ganho é o seu ganho, e o meu prejuízo é o seu prejuízo. Se um único ser humano cair no abismo, teremos que resgatá-lo para continuarmos caminhando. Ou seja, não existem esses vazios. É como se estivéssemos na beira da praia e fizéssemos dois sulcos na areia com o dedo. Na verdade, um sulco é areia e o outro, também, e o intervalo entre eles, idem. Tudo é areia, ainda que momentaneamente diferenciada; o primeiro vento as devolverá à unidade. Ter consciência disso é um fator de realização humana. Quando trabalhamos para o todo, evidentemente também beneficiamos a parte.

Ainda dentro da mesma visão, por trás de todos os males do mundo, tanto individuais quanto coletivos, está a heresia da separatividade. Vamos arrancando as máscaras das causas superficiais de nossos problemas e, quando chegamos lá no fundo, vemos o rosto do egoísmo. O mundo está fortemente contaminado por uma ideia de que temos que buscar o nosso benefício pessoal em detrimento do todo. Mas um verdadeiro benefício é aquilo que traz para nós a ideia do bem, e não aquilo que oferece apenas conforto e prazer momentâneos. Portanto, este é um bom caminho para encontrar a prosperidade: ser fator de soma, não viver em vão.

Clóvis – Recentemente, conheci uma professora brasileira de Astrofísica que dá aulas em uma universidade na Dinamarca. O nome dela é Desiree Ferreira. É sempre uma felicidade muito grande ver um brasileiro com destaque científico internacional. E essa felicidade é ainda maior por se tratar de uma mulher, pois sabemos o quanto o espaço universitário é asquerosamente machista. Essa professora diz assim: "Você já reparou que seu sangue é vermelho? Esse sangue vermelho é por causa do ferro. Assim como o seu osso é duro por causa do cálcio".

Ela explica que, quando aconteceu a grande explosão que deu origem ao universo como o entendemos hoje – o tal *Big Bang* –, ainda não havia nem ferro nem cálcio. Já na infância desse nosso universo, formaram-se hidrogênio, hélio e um pouquinho de lítio, mas ferro e cálcio, não. O ferro e o cálcio são elementos mais pesados, que surgiram da explosão de estrelas – as chamadas supernovas. Ou seja, o ferro que está no nosso sangue tem a sua origem em uma estrela que explodiu. Ora, isso é algo extraordinário! Quer dizer, antes de chegar ao meu sangue, o ferro passou pela Terra, que nem sempre existiu. E entre a Terra e o meu sangue, provavelmente, teve alguma beterraba que foi aqui plantada e que eu comi. Portanto, o ferro que saiu da supernova, que acabou na Terra, que passou pela beterraba e chegou ao meu sangue me une à estrela que explodiu sem nenhum hiato.

Uma outra alegoria é a do oceano. Uma dose de energia incide sobre ele, em forma de vento, por exemplo, e por conta disso surge uma onda. Essa onda começa miúda, atinge a sua opulência maior e morre na praia. A água dessa onda volta, então, para o oceano, sem nunca ter deixado de ser sua parte integrante. Sem nunca ter deixado de ser água de oceano.

Essas duas alegorias me fazem pensar na pertinência do que a senhora disse, professora, do quanto somos, muitas vezes, adestrados – e esse termo eu uso com um pouco de amargor – a entender tudo a partir de uma certa individuação de nós mesmos. É o *principium individuationis*, de **Schopenhauer**. Clóvis isso, Clóvis aquilo, vou ganhando uma "clovicidade" própria e sendo levado a pensar sempre na possibilidade de um eu desconectado, de um eu desarticulado, de um eu compreensível isoladamente, desconsiderando que o ferro veio da supernova ou que a onda do oceano voltará para ele tal como sempre esteve. Percebo o quanto é difícil trazer esse tipo de ideia para a formação intelectual de um aluno, porque todo o resto parece vir no sentido contrário.

Como a professora dizia há pouco, ganhar junto com todos parece não ter a menor graça. Os Jogos Olímpicos são um espaço incrivelmente concentrador de alegria porque todo mundo chega ali com muita esperança, mas a vitória cabe sempre a um só. Disso, resta uma verdadeira legião de devastados que puseram tudo ali para voltar sem nada. O mesmo vale para aquelas competições de crianças, em que todo mundo ganha medalha. Essas são as primeiras a serem jogadas no lixo porque, aparentemente, não têm valor simbólico nenhum, dado que não causam nenhuma distinção. Pelo contrário, quando todo mundo ganha medalha é porque ela não vale nada, já que sua única função é distinguir.

Se pudéssemos imaginar não que o planeta Terra seja habitado por nós, mas *constituído* por nós, ou seja, que somos parte integrante dele, que parte seríamos? Seríamos a consciência do planeta. E se somos a consciência do planeta e somos integrados a ele, a Terra seria, de acordo com nossa consciência momentânea, o único planeta que tem consciência de si e que tem consciência do universo. Que tem consciência de ser parte integrante desse universo. Que tem consciência de onde veio, de sua história. E que tem projeção do seu devir. A Terra tem consciência de ser planeta. E quem proporciona consciência à Terra de ser planeta é o ser humano. O ser humano é a consciência do planeta.

Nossa, aí tudo muda! Porque, quando a humanidade luta pela sua ecologia, é como um *detox*. É uma deliberação do planeta através de sua consciência, que é o ser humano, de que é preciso investir no seu corpo, na sua materialidade, nas suas águas, nas suas árvores, nas suas células – investir em si mesmo, enfim. E, então, a Terra, através da sua consciência, promove alterações autoprotetivas ou de potencialização de si mesma.

A Terra tem até consciência das forças entrópicas* do universo. Um universo que parece se agradar com unidades de estrutura complexa, que roubam muita energia dele. Um universo que busca assegurar o máximo de possibilidades e potencialidades. A Terra tem consciência do seu próprio *conatus*, da sua luta por perseverar no seu próprio ser que, muitas vezes, enfrentará outras energias de um universo que clamam pela sua destruição. É possível que a Terra tenha até a consciência da inexorabilidade do uno, e que tudo voltará a ser um só. Mas, ainda assim, não somos bichos estranhos que pisam a Terra. Somos parte integrante do planeta, de sua consciência. O único planeta que tem consciência de si e do seu entorno.

---

* Tendência à desordem de um sistema. (N.E.)

O dilema entre razão e emoção

Clóvis – Uma linhagem de pensadores na esteira do platonismo sugere que haveria uma possibilidade de enfrentamento entre as nossas ideias, as nossas convicções, as nossas crenças e aquilo que sentimos. Por quê? Porque existe a possibilidade de refletirmos sobre a melhor conduta a seguir, e o resultado dessa reflexão sugerir uma prática diferente, contrária àquilo que eventualmente poderíamos desejar, já que poderíamos querer para nós aquilo que nos fosse mais agradável, mais vantajoso, mais prazeroso, mais alegrador... Ora, nesse caso, essa tradição filosófica nos sugere que a vida boa pressupõe um controle das emoções por parte da razão. Em outras palavras, uma espécie de triunfo da parte intelectiva, superior da alma sobre as partes desejantes que seriam hierarquicamente inferiores, portanto, subalternas. De certo modo, haveria uma condição para uma vida humana altiva, que é esse controle sobre si mesmo, esse domínio exercido sobre as próprias inclinações, os próprios apetites, levado a cabo pela razão, pelo pensamento – claro, sempre quando o pensamento denuncia apetites indevidos e a evitar. Essa é, talvez, a grande diferença kantiana entre desejo e vontade.

O desejo se impõe a nós, é um dado da nossa realidade afetiva. Já a vontade é todo um conjunto de operações da razão prática para definir o melhor jeito de agir. Portanto, espera-se que, em caso de antagonismo, a vontade triunfe sobre o desejo. De certo modo, isso coincide com um certo senso comum. Quando alguém tem alguma pulsão que compromete a estabilidade social, as relações intersubjetivas, essa pulsão deve ser refreada. É preciso que cada um consiga "segurar a sua onda", cuidar de si e evitar que suas inclinações se manifestem no mundo de modo que, por meio da ação, causem distúrbios, transtornos indesejados, indevidos. **Pascal** chega a imaginar um ringue de luta entre a razão e as paixões.

O problema é que essa tradição não é sem contestação na história do pensamento. Haverá quem possa propor um encaminhamento reflexivo diferente. Poderia citar, por exemplo, **David Hume**. E qual é a ideia? Que esse enfrentamento entre razão e emoção é absurdo. Não são realidades comparáveis e contrastáveis. Poderíamos dizer que as emoções são o nosso combustível, associadas à nossa energia vital, ao nosso *élan* vital, à nossa potência, e que a razão seria a direção que nos guia. É completamente absurdo imaginar um conflito entre a direção de um carro e a gasolina. Até porque a própria razão precisa de combustível. Ela depende de uma certa potência de pensar. A razão, portanto, não pode deliberar na contramão daquilo que lhe garante a existência. Ela não pode negar aquilo que é sua condição. Isso nos levaria a concluir, nesse segundo modo de entender as coisas, que as emoções são soberanas. E que o que passa pela nossa cabeça é meramente justificador de uma equação afetiva que se impõe. Poderíamos dizer que, nesse caso, seríamos escravos de nossas paixões.

Vamos imaginar que o leitor sinta uma enorme atração física por alguém, mas, por conta dos estatutos civis, de empecilhos sociais, não enxerga ser pertinente uma abordagem íntima mais contundente. Ora, fica claro que é a razão que está a controlar as paixões. Porque a paixão seria a atração, o desejo do toque, por exemplo, da proximidade física. E a razão seria a deliberação de vontade impeditiva desse mesmo toque. Portanto, teria razão o primeiro modo de pensar, e não o segundo. Porém, há resposta para isso também: não é a razão que impede que você tome uma atitude que busque a satisfação imediata da sua pulsão, da busca do seu prazer, mas é, sim, uma outra emoção.

Uma outra emoção que enfrenta a primeira. Porque só uma emoção enfrenta a outra. Só uma emoção se impõe à outra, duela com outra. Porque são, digamos, contrastáveis, comparáveis. São elementos do mesmo tipo, podem se enfrentar. E o que poderia impedir o leitor de tomar uma medida de aproximação física, quem sabe sem aquiescência da outra parte, é o medo. Que é outra emoção, outro afeto. Portanto, nesse caso, não é a razão que enfrenta a atração; o que enfrenta a atração é o medo. A razão apenas identifica a emoção vitoriosa.

Se a emoção vitoriosa for o medo, a razão conclui que é melhor recuar. E, então, ela encontrará um arcabouço de racionalidade convincente para si e para os outros de que aquela conduta não foi levada a cabo por conta deste ou daquele motivo justificável. Mas a razão vem *a posteriori*, apenas para tornar aceitável aquilo que os afetos já deliberaram. Tanto é assim que, se o medo não triunfar sobre a razão, o resultado será inexoravelmente a aproximação. E a razão, ainda assim, buscará elementos, argumentos que possam justificar aquela conduta. Ora, por que estou dizendo tudo isso? Porque, quanto se pensa em razão e emoção, há sempre um encaminhamento mais próximo do senso comum e defendido por um contingente imenso de pensadores extraordinários que vai culminar, na história da filosofia moderna, em **Kant**, na dualidade entre desejo e vontade. Mas há aqueles como Hume e – por que não? – Nietzsche, e também o paralelismo de **Espinosa**, de certo modo, que procuram mostrar que não é bem assim. Que existe uma energia vital que acaba sendo uma espécie de infraestrutura afetiva que confere as bases para uma razão meramente justificadora. Ou seja, se quisermos entender o que passa de argumentos pela nossa cabeça, temos que saber que essa produção intelectiva é indissociável das nossas emoções. Portanto, não é preciso explicar esses argumentos, essa vida do espírito, abrindo mão de um estudo, de uma avaliação, de uma consideração daquilo que são os nossos afetos, as nossas emoções.

Naturalmente, uma vez dito isso, o leitor espera que o autor do livro se posicione. Mas o autor do livro tem muita dificuldade em fazer isso. De um lado porque, se a razão é meramente justificadora de uma equação afetiva que se impõe e que não controlamos, talvez estejamos dando um cheque em branco para todos aqueles que, no mundo, agem de modo cruel, nefasto. Que causam sistematicamente dano, prejuízo, rebaixamento nas suas interações. Porque sempre poderá haver este argumento: "A equação afetiva que reside em mim e preside não só minhas ações, mas também meu pensamento, é uma equação afetiva sobre a qual não tenho condição de incidir. Portanto, aquilo que faço e aquilo que penso é uma espécie de resultado de uma realidade que está fora do meu alcance. Desse modo, não há que propor um juízo moral ou jurídico da minha conduta porque sou vítima de mim mesmo". Ora, isso é muito simpático até o momento em que um desses sujeitos resolve, digamos, manifestar a sua natureza descontrolada sobre você mesmo ou sobre alguém que você ama. Se uma pessoa estiver espancando outra e esta pedir clemência, a primeira poderá dizer que o espancamento é o resultado afetivo óbvio contra o qual nada pode fazer, porque sua razão é meramente justificadora da sua ira. Fica muito esquisito, então, para um professor de Ética, aceitar de uma maneira cabal e completa um tipo de pensamento que torna tudo necessário e sem ponderação crítica possível.

Neste ponto, eu gostaria de recomendar a leitura do que propõe Platão, n'*A República*, quando fala da alma humana, da parte superior da alma, da sua dimensão intelectiva, da parte do meio, irascível, da parte inferior, apetitosa e desejante, e do quanto o humano viverá dignamente na exata medida em que submeter as partes inferiores da alma à sua parte superior. Recomendo também a leitura de *O fundamento da metafísica dos costumes*, de Kant, que trata da diferença entre desejo e vontade, ou mesmo a *Crítica da razão prática*. Depois, o leitor pode fazer o contraponto com a parte III da *Ética* de Espinosa. Também com o *Tratado da natureza humana*, de Hume, que trata das paixões e, eventualmente, com o *Crepúsculo dos ídolos* ou *A genealogia da moral*, de

Nietzsche. O leitor poderá, então, perceber algo muito comum em filosofia: filósofos dizem coisas contraditórias, inconciliáveis e todos parecem ter razão quando a gente os lê, tal a genialidade do modo como se manifestam. Por isso, se eu tivesse que me posicionar, diria que não tenho elementos para argumentar em defesa de uns ou de outros. E não sei se não há aí um limite de razão a nos obstar, como sugere Kant em sua Terceira Antinomia.* Quer dizer, há uma dificuldade que não é singela. Mas, ainda assim, mesmo não tendo como argumentar de maneira conclusiva, continuo acreditando firmemente que, por mais relevantes que sejam os nossos afetos na construção da nossa existência, deve existir, em algum momento, uma fresta de possibilidade de triunfo de um entendimento sobre um apetite.

Continuo acreditando firmemente que, por mais relevantes que sejam os nossos afetos na construção da nossa existência, deve existir, em algum momento, uma fresta de possibilidade de triunfo de um entendimento sobre um apetite.

---

* A Terceira Antinomia da razão pura, formulada por Kant em sua obra *Crítica da razão pura*, trata do problema do livre-arbítrio *versus* determinismo causal.

Lúcia Helena – Bom, podemos dizer que, logicamente, razão e emoção são dependentes uma da outra. É uma convivência necessária. Se pudéssemos dissociar a razão da emoção, teríamos um racionalismo seco, indiferente a todo o mundo da sensibilidade humana, da empatia e de uma série de outros valores. Mas o racionalismo frio não é exatamente o que pretendemos. Se pudéssemos dissociar as emoções da razão, poderíamos dizer que teríamos uma emoção totalmente tresloucada, desvarios, uma total falta de senso e de lucidez. Evidentemente, razão e emoção são interdependentes, necessitamos de ambas. Mas a posição que é recomendada, como foi muito bem colocado pelo professor, é que a reta razão, ou seja, uma razão inspirada por princípios, por valores universais – e isso vem muito de Aristóteles – dê a direção às emoções. Ou seja, que as emoções ecoem aquilo que a reta razão comanda.

Tomando o exemplo d'*A República*, de Platão, temos o conceito de coragem, que é, exatamente, manter o domínio da razão diante de situações-limite, que são o medo e o desejo – duas emoções. Manter o domínio da razão implica que essa razão esteja guiada por valores maiores, por princípios mais elevados. Sempre que a reta razão opina, baseada em princípios universais, ela gera uma espécie de "veredito obrigatório", aquilo que deve ser cumprido. Mas é evidente que essa razão, quando não está guiada por princípios universais, vira uma espécie de advogada do chefe emocional enlouquecido. Ela terá, então, que encontrar razões para justificar aquilo que as emoções desejam ou aquilo que as emoções temem. Essa é a polaridade em que ela oscila: correndo do que teme e indo atrás do que deseja. É a polaridade da consciência animal, e a razão ficaria como mero justificador disso, não iria muito além. Portanto, essa convivência entre razão e emoção depende muito dessa questão da reta razão; se a temos, temos um imperativo, mais uma vez segundo dizia Kant, que pode ordenar as nossas emoções para se manifestarem segundo a moral, segundo os preceitos de uma vida civilizada. Do contrário, teríamos a liberação total das paixões, dos instintos, da inveja, dos ciúmes. Ou seja, seria o caos, uma convivência impraticável.

Gosto muito quando Carl Jung fala da sublimação das energias psíquicas. Ele diz que, quando temos emoções violentas que, de alguma maneira, parecem incontroláveis e nos levam para caminhos tortuosos, a energia aí presente pode ser sublimada e transformada em algo superior, em algo que pode servir, sim, aos preceitos de uma reta razão – embora Jung não utilizasse essa expressão. Por exemplo, se um indivíduo passional fosse capaz, através da própria razão, de capturar essa energia e sublimá-la, poderia se tornar um grande entusiasta com uma capacidade muito boa de realização de seus projetos. Uma pessoa muito teimosa poderia ser sublimada em uma pessoa perseverante, alguém com capacidade de levar os seus propósitos a bom termo. Ou seja, todas essas energias emocionais não devem ser simplesmente reprimidas, pois isso seria um desastre – aquele desastre que acontece quando há situações de exceção dentro da sociedade.

Há anos, li um artigo do filósofo Roger Scruton, na época ainda vivo, em que falava a respeito de uma situação que presenciou em Londres, quando, por alguma razão, houve um blecaute, e ele viu pessoas de classe alta, bem-vestidas, tirando seus sapatos e quebrando vitrines para roubar, já que não havia luz, não havia possibilidade de serem identificadas. Ou seja, essa situação mostra uma ética bem questionável, como se fosse um mero verniz de pouca cobertura. Quando esse verniz se racha, traz à tona aquela barbárie que não foi transmutada, apenas reprimida. Essas situações de exceção podem acontecer a qualquer momento, porque estamos sujeitos a isso.

Quando parece não haver vigilância ou controle, todo esse elemento instintivo, toda essa emoção não sublimada vem à tona de uma maneira bombástica, e isso é extremamente perigoso. Portanto, não se trata de reprimir essas emoções inferiores, que ainda não são guiadas por uma razão reta, por uma razão inspirada em princípios, mas de trabalhar para transmutá-las de tal maneira que pudéssemos garantir quem somos mesmo que fôssemos viver em uma ilha deserta; ainda assim, teríamos princípios éticos, agiríamos segundo o dever, teríamos o imperativo que ordena as emoções. Por quê? Porque consideramos isso nobre, justo e bom. Porque os nossos princípios assim ordenam. Os princípios eleitos por nós são uma característica da nossa própria identidade, são o sinal mais visível daquilo que somos. Portanto, o nosso eu superior precisa transmutar o nosso eu inferior para que a nossa energia não seja reprimida, mas sublimada naquilo que pode atender a esses mandamentos, a esses vereditos da reta razão.

Existe um ditado que diz que somos o que fazemos quando a última porta se fecha atrás de nós. Isso é bem abordado por Platão quando ele fala do mito de Giges, um pastor lídio tido como muito honesto em seu povoado e que, um dia, encontra um anel. Ao girar esse anel em seu dedo, Giges se torna invisível. E ele, que era considerado tão honesto, começa a saquear mercados, desrespeitar mulheres, entra na casa do rei e o mata, seduz a rainha... Ou seja, torna-se o oposto daquilo que aparentava ser. Cabe aqui a pergunta, bastante incômoda: o que cada um de nós faria se tivesse o anel de Giges nas mãos? É uma boa reflexão. Platão coloca uma hipótese que acho bastante plausível: imagine que Giges, ao encontrar esse anel e utilizá-lo, mantivesse a sua moral da mesma maneira, obedecendo aos mesmos princípios. Essa seria uma moral verdadeira, uma ética por convicção, e não por coerção. As pessoas, ao saberem disso, quando em público, o elogiariam: "Como Giges é bom, como ele é honesto, que homem impecável". Mas, em particular, talvez dissessem: "Que idiota que é esse Giges. Que pena que esse anel não caiu nas minhas mãos. Eu iria tirar todas as vantagens disso!". Platão chega à conclusão, enfim, de que as pessoas não amam a ética; elas a praticam porque existe uma coerção em relação a isso. Mas, se houvesse total liberação dessa coerção, dessas pressões externas, as pessoas possivelmente manifestariam todas essas emoções desordenadas e não submetidas à razão, porque, de fato, é aí que elas mantêm a sua identidade.

Esta, para mim, é uma questão fundamental: que a nossa ética seja de convicção. Ou seja, temos que ser íntegros, comandar as nossas emoções mais grosseiras, porque isso nos faz sentir verdadeiramente humanos, nos faz sentir em paz com a nossa consciência. Isso nos dá o direito ao "sono dos justos". E é importante

Esta, para mim, é uma questão fundamental: que a nossa ética seja de convicção. Ou seja, temos que ser íntegros, comandar as nossas emoções mais grosseiras, porque isso nos faz sentir verdadeiramente humanos, nos faz sentir em paz com a nossa consciência.

lembrar que todas essas coisas têm valor para nós, foram escolhidas por nós mesmos. Portanto, essa fidelidade a quem somos, essa identidade permite que nossas emoções inferiores possam ser dominadas e sublimadas, não reprimidas. Agora, quando a nossa identidade está nos "antivalores", que são essas emoções descontroladas, basta que essa repressão externa apresente uma fresta e nós voltaremos todos a ser bárbaros mal disfarçados. Não é à toa que, na Idade Média, a Festa dos Tolos tinha exatamente essa ideia de uma máscara que se colocava sobre o rosto e que liberava todas as pulsões inferiores, como uma espécie de catarse. Originalmente, era essa a ideia do Carnaval: uma maneira de extravasar emoções reprimidas. Era nessa ocasião que as pessoas mostravam seus verdadeiros rostos, como se tirassem a máscara cotidiana e colocassem aquela a que eram realmente inclinadas.

Acredito muito nessa representação que o senhor fez, professor, da razão como a direção e a emoção como a gasolina. O mundo emocional deve ser utilizado de maneira que faça cumprir aqueles princípios que elegemos como nossos, aquilo que denominamos como a nossa identidade. Esse mundo deve ser trabalhado para ser utilizado nessa direção, sem o reprimirmos apenas.

Clóvis – O anel de Giges é um dos temas mais saborosos e intrigantes do pensamento de Platão, no meu entendimento. Porque, de fato, Platão sugere a possibilidade de um comportamento adequado, digamos assim, mas que resulta do medo do olhar do outro, da castração civilizatória, da repressão social. Como a professora disse muito bem, havendo qualquer fresta, essa disposição prática cai por terra. É o caso do cidadão que está voltando para casa de madrugada quando alguém lhe diz: "Pode avançar o sinal porque de madrugada não tem multa". Portanto, é uma conduta regida pela presença ou pela ausência de um elemento repressor. E é importante observar que, assim sendo, existe uma escravidão. Ou seja, diante de uma situação dada, nosso comportamento poderá ser este ou aquele em função da presença ou não de alguém. Havendo a presença de um capataz, de um tirano, de um elemento repressor, poderemos agir de um jeito. Uma vez ausente esse elemento repressor, agiremos de jeito contrário. Ora, é tão fácil perceber que, nesse caso, a vida é controlada pelo outro. Ou seja, não somos senhores da própria vida porque a nossa prática está vinculada a uma variável que nos transcende. Mas há a possibilidade – e isso que é fascinante – de uma vida do espírito de tal ordem encaminhada que a presença ou ausência de qualquer elemento externo não incida sobre a equação de tomada de decisão. Se adotamos um princípio norteador da vida, que vai agir de modo soberano, autônomo, a presença ou não de um elemento repressor passa a ser uma variável irrelevante na nossa tomada de decisão. Mesmo quando essa decisão não nos for vantajosa ou prazerosa – e aqui é que é saborosa a reflexão. Vou dar um exemplo concreto para que o nosso leitor entenda o que estou querendo dizer.

Uma pessoa é alocada pela empresa em que trabalha para prestar serviços longe da sua casa e, nesse lugar, se depara com alguém que lhe parece atrativo e que também o julga atrativo. Surge, então, o convite para uma intimidade. Aquele que recebe o convite, muito embora atraído pela pessoa que o convida, declina do convite. Ora, quem convida pergunta: "Por quê?". E investiga a existência da atração. O outro diz a verdade: "Eu tenho a atração, mas ainda assim declino". Entendendo que, havendo a atração, a recusa só pode ser por conta da presença de um fiscal repressor, quem convida argumenta: "Mas o que acontece em Vegas fica em Vegas. O que acontece em Quixeramobim não sai de Quixeramobim. Aqui não tem sinal de internet, não tem ninguém olhando, ninguém nos conhece...". A pessoa elenca inúmeros argumentos que reduzem a zero o risco de um flagrante. E, então, aquele que declinou do convite faz um esclarecimento definitivo: "Veja, primeiro, existe a atração. Dois, eu declino. Três, a razão pela qual eu declino não é o risco de um flagrante externo. A razão pela qual declino é uma convicção pessoal sobre o que deve ser feito".

Vemos, nesse exemplo, que é o "eu" que avalia a própria ação, independentemente do sinal de internet, ou de câmeras fiscalizadoras, ou de qualquer elemento de controle externo. Esse "eu" não é nem escravo da sua atração, nem escravo do fiscal; trata-se de um "eu" soberano, gestor da própria vida. Embora atraído, ele declina. Por quê? Porque aceitar seria ir na contramão de um princípio de conduta que a pessoa, livremente, decidiu respeitar. E o seu não aceite nada tem a ver com o medo de ser pega, flagrada, punida, perder o cônjuge ou perder o emprego. Nada. A pessoa declina, mesmo sabendo que não há nenhum tipo de fiscalização externa, em função do respeito a um princípio que triunfa sobre a inclinação apetitosa que existe. Portanto, fica claro para mim, professora, que a moral caminha de braços dados com a liberdade. E não, como sugere o senso comum, que a moral é privação de liberdade, como se fôssemos livres quando pudéssemos implementar na vida a submissão a nossos apetites. A moral é a própria liberdade. Não só em relação aos nossos apetites, como em relação a tudo o que nos circunda.

A moral é o "eu" que, refletindo sobre si mesmo, delibera os limites de sua ação em inteira soberania, seja ante as pressões internas das pulsões, seja ante as pressões externas ou a ausência das pressões externas de circunstância. Se esse tipo de moral, que a professora muito bem denominou de moral de convicção, prevalecesse, fosse universal, não haveria por que falar nas éticas profissionais, nessa histeria corporativa de *compliance*. Ora, sendo cada um garantidor dessa condição, por conta da consciência da sua boa conduta, ninguém precisaria fiscalizar ninguém. Ninguém precisaria ficar de olho em ninguém. Não haveria delação premiada, porque saberíamos todos que, não importa com quem nos relacionássemos, haveria uma grandeza moral, uma consciência moral soberana e definidora da vida por conta do respeito a esses princípios.

A moral é o "eu" que, refletindo sobre si mesmo, delibera os limites de sua ação em inteira soberania, seja ante as pressões internas das pulsões, seja ante as pressões externas ou a ausência das pressões externas de circunstância.

O anel de Giges é uma alegoria que mostra um indivíduo que só age bem por medo do olhar do outro. Portanto, é um sujeito vazio de moral, porque o seu bom comportamento advém de questões que não são propriamente morais; são questões estratégicas de se posicionar bem na sociedade, de ser bem-visto, de ser aplaudido, de ser aceito e assim por diante. Tudo isso está fora do campo da moral. A moral entra em cena quando, mesmo em posse do anel que o torna invisível e, portanto, que anula qualquer tipo de repressão externa de maneira definitiva, o indivíduo se comporta do mesmo jeito. Porque é indiferente ter alguém olhando ou não. O indivíduo agirá segundo seus princípios. Pouco importa se há um capataz a fiscalizá-lo ou não. E, se isso se universalizasse, a figura do capataz perderia muito da sua função. É claro que isso é cada vez mais improvável e raro, já que o paradigma da moral se esboroa, se esfacela. E, assim, aumentam-se as instâncias repressivas, com mais radares, câmeras fiscalizadoras e policiais. São formas particulares de garantir o bom comportamento a partir do olhar externo e do medo.

Na certeza de uma pobreza moral que é progressiva, entendo que não só ética e moral não são sinônimos, como uma ocupa o banco oposto de uma gangorra em relação à outra. Ou seja, se a consciência moral fosse altiva e universal, os espaços de convivência, como os profissionais, por exemplo, não teriam a menor necessidade de definir modelos de conduta e de vigilância recíproca. Porque, na moral, cada um cuidaria de si dentro ou fora do ambiente de trabalho. Dentro ou fora daquele coletivo. Mas é exatamente porque a consciência moral claudica que os coletivos se veem cada vez mais obrigados a criar mecanismos de controle e de vigilância.

Vivi um tempo em que era possível fazer um fiado de longa data. Era assim que a minha avó se entendia com o dono da padaria. Mas isso deixou de ser. Eu sou do tempo em que se entrava em uma empresa diretamente pela porta; hoje, temos a famosa recepção que, no fundo, é uma controladoria, um espaço de fiscalização. Eu sou do tempo em que era impensável imaginar que uma universidade pudesse ter uma catraca, um crachá digital, fiscalizando a identidade de quem entra e quem sai. No entanto, é isso que acontece hoje. Podemos, então, dizer que o incremento das instâncias repressoras se viu necessário ante o esfacelamento da consistência moral dos indivíduos.

Lúcia Helena – Lembrei de uma história zen-budista que conta que havia um antigo templo onde viviam alguns monges, e esse templo, por ser muito antigo, começou a ruir, a entrar no processo de degradação natural do tempo. Com medo de que o templo desabasse, os monges foram conversar com o mestre deles: "O senhor está vendo o que está acontecendo com o templo? Ele está quase desmoronando sobre a nossa cabeça. Precisamos fazer alguma coisa". O mestre, então, resolve fazer um teste com eles. Diz: "É verdade, o templo está desmoronando. Mas somos monges mendicantes. Não temos absolutamente nenhum recurso. Como podemos reformar esse mosteiro? Ah, tive uma ideia. Vocês conhecem aquele povoado próximo daqui?". "Sim, claro." "Então, vocês vão até lá e roubem o máximo que puderem. Venderemos depois o que conseguirem e teremos recursos para reformar o nosso mosteiro. Mas há uma condição: ninguém pode vê-los roubando, do contrário, vão colocar em risco a fama do mosteiro, que é secular". (Essa passagem é quase como um "**Maquiavel** zen": os fins justificariam os meios.) Os discípulos ficaram receosos, mas, como era o mestre que estava mandando, saíram caminhando até o povoado mais próximo. Um jovem monge ficou, entretanto. O mestre perguntou a ele: "Por que não foi com os outros? O que está fazendo aqui?". "Estou fazendo o que o senhor mandou." "Como assim, fazendo o que mandei? Todos os seus amigos foram para a cidade roubar." "Mas o senhor não mandou que roubássemos. O senhor mandou que não roubássemos se alguém estivesse nos vendo. E eu estou permanentemente me vendo. Estou sempre diante da minha própria consciência. E essa consciência merece respeito, merece dignidade. Portanto, diante da minha consciência, isso não pode ser feito."

Francis Bacon diz que a esperança é um ótimo almoço, mas um péssimo jantar. Ou seja, até a hora do almoço na nossa vida, que seria a juventude, ter esperança é bom. Mas, na hora de jantar, já não é mais para estarmos esperando, e sim para termos feito alguma coisa. Aplico isso a essa questão da ética de coerção: ela é um bom almoço. Enquanto estamos começando na sociedade, estruturando uma vida em comum, tudo bem. É como uma criança: se não mandarmos, ela não come a salada. Por isso, acho que a ética de coerção é um bom almoço, mas, no jantar, já deveríamos ter uma ética por consciência. E já estamos passando da hora do jantar.

Mudança com valor

Clóvis – Na novela *O clone*,* usava-se muito o termo árabe *maktub*, que significa "está traçado, está dito". Quando pensamos em destino, no sentido de um futuro que se apresenta como inevitável, de que, façamos o que for, o que vai acontecer já está estabelecido, se aceitarmos essa hipótese, acabaremos deliberando sempre como meio para que esse destino seja ultimado. Esse é um primeiro problema. Mas há um outro problematizador que não é propriamente a existência de um destino, mas a existência de uma rede de causalidades materiais, ou seja, uma rede de relações materiais que se impõe em causa e efeito e que fazem da realidade uma realidade necessária. Em outras palavras, dado

* Exibida pela TV Globo entre 2001 e 2002. (N.E.)

um certo elemento de realidade que encontra outro elemento de realidade, o que vai acontecer dali é, necessariamente, definido pelos entes que se encontram. Haveria, então, uma inexorabilidade resultante das próprias relações materiais. Ou seja, dado um certo número de causas que se combinam entre si, o efeito de todas essas causas só pode ser aquele.

Perceba que esse segundo problema é um pouco diferente do primeiro. Porque o que chamamos de "destino" pressupõe alguma transcendência que já estabeleceu – ou pelo menos tem consciência disso – o que se produzirá lá na frente. Já na segunda hipótese, sendo a realidade como é, as coisas sendo como são, na interação entre elas, os resultados serão inexoravelmente o que são. Ora, que apliquemos isso a duas bolas de bilhar é bem simpático. Considerando a massa das bolas, a angulação do choque, o atrito, o movimento será necessariamente aquele; não poderá ser outro. A água que ferve a cem graus em condições normais de temperatura e pressão, ou o corpo que cai em queda livre na velocidade ao quadrado igual à velocidade inicial, mais duas vezes a gravidade, mais o delta que separa o corpo do chão, isso é inexorável. É o que é.

Mas deixemos os corpos que caem, a água que ferve e as bolas de bilhar. Muitos sugerirão que não há nenhuma especificidade que permita instaurar na vida a contingência, que seria a ruptura da necessidade. No caso da vida humana, a necessidade não é imperativa e, portanto, a vida pode ser diferente. Pode ser outra. Ela é contingente, aquilo que não é necessário. Ora, se a água ferve a cem graus e a bola se desloca na velocidade que tem que ser, por que no caso do ser humano, que também é matéria, que também é átomo, elétron, célula, haveria contingência? Essa é a inquietação.

Na tradição filosófica, temos uma primeira saída que diz que o ser humano é constituído de corpo e alma, sendo o corpo material e a alma imaterial. Não sendo material, a alma é eterna e não está submetida a esse imperativo da necessidade causal. Ora, entendendo que o ser humano tem alma e que ela pode ser superior ao corpo, haveria uma fissura nas relações causais, uma fissura no princípio da necessidade em que se instalaria a tal da liberdade, do livre-arbítrio. É claro que, para isso, é preciso aceitar que a alma seja imaterial. Naturalmente, se entendermos que a alma é corpo como qualquer corpo, que as faculdades da alma são todas realizadas pela materialidade orgânica do corpo, que o pensamento é feito por neurônios e o sentimento é uma questão hormonal e corporal, devolvemos a alma para uma materialidade na qual o princípio da necessidade talvez fosse imperativo. Nesse caso, o leitor poderia perguntar: "Mas como tenho a sensação de escolher?". Alguém como Espinosa responderia taxativamente que a sensação da escolha e da liberdade nada mais é do que resultante da ignorância – a ignorância das causas que determinam as escolhas.

Uma pessoa pode achar, por exemplo, que escolheu o vestido que está usando hoje, mas, na verdade, ela tinha três ou quatro opções, e optou por aquele que mais aumentou a sua potência quando os contemplou. E isso só poderia ser desse jeito. A escolha foi a única que poderia ter sido. Como a pessoa ignora os mecanismos causais, acha que foi livre para escolher. Mas, na verdade não houve liberdade nenhuma. Uma jovem é cortejada por Asdrúbal, Bartolomeu e Clístenes, e acha que escolheu um dos três. Quando, na verdade, ela imaginou cada um deles, e a imaginação determinou disposições afetivas mais favoráveis em um caso do que nos outros dois. Chamamos isso de escolha, mas, na verdade, é um processo necessário como qualquer outro.

Novamente, o leitor poderá esperar que o autor se posicione entre uma liberdade à moda de Platão, à moda de Kant ou a favor da denúncia do livre-arbítrio realizada por Espinosa ou por Schopenhauer, que diz: "Você é livre para fazer o que quiser. Mas o que você quer já está dado. A liberdade vem na sequência de um dado previamente estabelecido". Ou seja, nessa perspectiva, não somos livres para querer o que queremos. Não há liberdade para querer (ou não querer) – o querer se impõe. A partir desse querer que não escolhemos, aí sim seremos livres para buscar ou não o que queremos, para satisfazer os nossos apetites. Portanto, esse livre-arbítrio é uma falácia. Porque somos livres para fazer o que quisermos, mas também somos escravos do nosso querer. Ora, estamos diante de um dos problemas mais clássicos e integrantes da história do pensamento ocidental, e acho que o leitor já ganha muito em ver apresentadas as diversas posições, para que elucubre a partir da própria vida e agarre as teses que lhe parecerem mais pertinentes. Penso que esse é um trabalho muito nobre de apresentação de alternativas e de instrumentos de análise, dando ao leitor a possibilidade de submeter tudo ao seu próprio crivo. Interessa muito pouco aqui o que eu penso. Mas suponho haver, mesmo no seio da materialidade estudada pela ciência, espaços de fissura. Tais como aqueles identificados por **Epicuro**, que dizia que os átomos caem em linha reta, mas também caem em diagonal, abrindo frestas que poderiam abrigar o livre-arbítrio. É muito interessante esse atomismo antigo, mas tentando encontrar um jeito de tornar coerente o estudo científico da matéria com a possibilidade de haver no seio da vida humana espaço para a contingência. Mas, enfim, ainda acho que a ciência nos brindará com respostas muito apetitosas, que irão além da mera relação de causa e efeito, para nos abençoar com essa soberania existencial que nos é tão fundamental.

Lúcia Helena – Há duas premissas que, para mim, funcionam como um truísmo. A primeira é que podemos e devemos nos tornar melhores do que somos. Isto é, há uma tônica de crescimento na vida. E a segunda premissa é que nós nos tornamos melhores do que somos a partir de nossas escolhas.

Imagine uma pessoa que, diante de uma escolha, seja condicionada para algum tipo de destino previsto, tal como um fantoche cumprindo um roteiro, um *software* que foi dado previamente. Essa escolha que ela fez não vai apresentar qualquer tipo de crescimento, qualquer tipo de virtude, uma vez que foi condicionada. É como encontrar uma carteira perdida: se não há ninguém olhando, nenhum *paparazzo*, ninguém nos flagrando, abre-se diante de nós um leque de opções. Existe, inclusive, aquele ditado popular cínico que diz que "achado não é roubado". Tudo isso pode nos dar mil possibilidades; entre elas, escolher devolver a carteira ao dono. Essa é uma escolha virtuosa; nesse caso, podemos dizer que tivemos virtude, agimos segundo princípios. Agora, se existe um observador que nos vê e diz "se você não devolver a carteira, vou denunciá-lo", e agimos pelo medo da denúncia, não há mérito nenhum nisso. Portanto, se todas as nossas escolhas são, de alguma maneira, condicionadas por medo e desejo, não há mérito nenhum nas escolhas do ser humano, o que levaria à conclusão de que somos seres paralisados, sem possibilidade de crescimento. Mas essa questão da possibilidade de mudarmos para melhor pode ser perfeitamente confirmada pela experiência. Como diria o próprio Jung, é uma questão mais de evidências do que de crenças. Se alguém já viveu a experiência de superar uma pequena limitação que seja, sabe que é possível mudar.

Se, por exemplo, eu não tivesse nenhuma experiência e um professor de Física me dissesse que é impossível um ser humano nadar, que o corpo, quando cai na água, naturalmente vai para o fundo da piscina, tenderia a tomar isso como um axioma. Agora, se mergulho na piscina, insisto, vou tentando boiar e, a partir disso, me movimento e consigo nadar, esse professor pode argumentar o que for, mas eu saberei que ele está errado. Por isso, a questão da evidência, para mim, é inexorável. Acho que todo mundo já deve ter tido essa experiência de, algum dia, ter vencido algum ímpeto, de ter polido alguma aresta, de ter superado alguma pequena imperfeição que seja. Se o leitor viveu isso, significa que está crescendo e, se há crescimento, significa que há mérito. Se há mérito, é porque ele foi livre para fazer sua escolha e escolheu o melhor.

Vamos imaginar que há uma estátua em cima de uma mesa, e que essa mesa tenha quatro pernas. Então, pegamos um fio de náilon, ou de outra natureza qualquer, e prendemos essa estátua ao teto, em um daqueles ganchos

Acho que todo mundo já deve ter tido essa experiência de, algum dia, ter vencido algum ímpeto, de ter polido alguma aresta, de ter superado alguma pequena imperfeição que seja. Se o leitor viveu isso, significa que está crescendo e, se há crescimento, significa que há mérito. Se há mérito, é porque ele foi livre para fazer sua escolha e escolheu o melhor.

para plantas. Ela fica bem amarrada por um fio que suporta o seu peso. Digamos que, na sequência, a gente corte uma das pernas da mesa. Pode ser que ela fique instável, mas não cairá; se cortarmos, porém, uma segunda perna dessa mesa, será inexorável: a mesa vai tombar e a estátua, se estivesse apoiada apenas sobre a mesa, tombaria junto com ela. Mas por que a estátua não tomba? Porque o ponto de suporte dela não é abaixo; é acima. Podemos cortar as quatro pernas da mesa e a estátua permanecerá em pé, porque ela apenas roça a mesa; seu ponto de apoio é acima. E aqui entramos na questão de que o senhor falava, professor, sobre a alma.

Muitas vezes, o indivíduo tem equilíbrio, mas a vida vem e corta uma das pernas da mesa na qual ele se sustenta. Um rompimento afetivo, por exemplo, já seria suficiente para que essa pessoa desmoronasse. Se ela ainda se equilibra, mas a vida corta uma segunda perna da mesa – por exemplo, perde o emprego –, aí não há quem permaneça em pé: a pessoa desmorona completamente. Por outro lado, temos alguns casos na história em que a vida cortou as quatro pernas da mesa dessas pessoas, e elas permaneceram em pé: Sócrates enfrentou um julgamento absurdo,* mas foi para a morte lúcido; **Giordano Bruno** foi colocado em uma cela onde ele sequer cabia, mas ficava cada vez estava mais lúcido, afirmava mais as suas verdades. Portanto, quando a alma gira em torno de princípios e valores, as circunstâncias podem fazer o que bem entenderem, continuaremos em pé mesmo que a vida corte as quatro pernas da nossa mesa; nosso apoio está acima. Ou seja, dependendo de onde estiver o nosso ponto de apoio, existe a possibilidade de nos colocarmos acima das oscilações do mundo e permanecermos de pé.

Alguém poderia dizer: "Bem, você não é escravo da Terra, com suas paixões, mas é escravo do Céu. Está sendo escravo da sua própria alma, que passa a determinar ações e você as obedece". Talvez seja assim. Talvez esses valores, esses princípios universais, de alguma maneira, restrinjam a nossa liberdade, mas nos libertam de tudo o que é condicionante

---

* Acusado de corromper os mais jovens com suas ideias, Sócrates foi condenado por um júri popular a tomar veneno. (N.E.)

terrestre e nos colocam acima disso (e não devemos, porém, esquecer de que a nossa alma somos nós mesmos). Por outro lado, podemos nos apoiar totalmente nos condicionantes terrestres e nos libertar de qualquer imperativo que venha de valores ou de princípios. Talvez esta seja a questão: precisamos escolher onde estão os condicionantes, se acima ou abaixo.

Certamente, o condicionamento a princípios e valores nos liberta dos condicionamentos comuns do mundo, mas gera outro tipo de condicionamento, com outras consequências práticas, com outro tipo de vida. Talvez, ao observarmos as consequências práticas de ambos os casos, possamos fazer uma opção consciente. Acredito, então, que o ser humano não é um objeto lançado para lá e para cá pelas circunstâncias, ou cumprindo um roteiro preestabelecido. Acredito que ele tenha essa liberdade de, pelo menos, escolher a que se condicionar.

Clóvis – Eu tenho alguma dificuldade em pensar a vida para além daquela de carne e osso. E penso que, por maior que seja a capacidade de abstração, acho que um grande valor comum é a possibilidade que cada vivente tem de encontrar o seu próprio caminho. Mas eu queria, um pouco inspirado no que disse a professora, sugerir um atributo existencial encantador, que é a possibilidade do aperfeiçoamento. Poderíamos chamar de perfectibilidade.

Quer dizer, não somos escravos da nossa natureza, porque ela não dá conta das necessidades existenciais. Ela é pobre daquilo que precisamos para viver. Diferentemente do gato, cuja natureza resolve todos os seus problemas. O gato é cem por cento instintivo. O ser humano não é instintivo. Não tem respostas prontas, rígidas, para todos os estímulos do mundo. Às vezes, tenho a vontade de defender a tese de que, por isso, não considero o ser humano um animal. Sei que seria ir na contramão de gente muito graúda, afinal, todos conhecemos a definição do humano como animal racional ou animal político dotado de *logos*. Mas eu vejo o ser humano tão diferente do resto dos viventes que acho difícil enxergar a sua animalidade. Porque vinculo a animalidade à instintividade, e entendo que o ser humano não vive assim. Portanto, não somos escravos da nossa natureza nem escravos da nossa história. Em que medida? Na de que, individualmente, podemos buscar aperfeiçoamento e superação. E coletivamente não somos formigas em formigueiros, mas podemos nos organizar segundo nosso entendimento de justiça, nossa ética e nossos propósitos.

Fico muito aborrecido quando me dizem que a sociedade brasileira é como é porque os portugueses de 1500 mandaram a escória de sua sociedade para cá. Fico me perguntando: "Mas em 500 anos não foi possível mudar? Será que essa origem colonizadora nos escravizará para sempre?". E a minha convicção é de que não. Porque nós mesmos já não somos quem éramos, e há outras sociedades que mudaram seus atributos de maneira radical em muito pouco tempo, como a Coreia do Sul. Portanto, não somos necessariamente escravos da nossa história nem da nossa natureza. E isso nos permite a perfectibilidade. Isso nos permite que sejamos não só melhores naquilo que fazemos, em coisas que os animais não conseguem fazer, mas na nossa própria humanidade. Somos perfectíveis, aperfeiçoáveis, mesmo na nossa própria humanidade, naquilo que somos.

Se tecnicamente podemos nos superar – e isso já é intrigante, porque mostra uma transformação subversiva em si mesmo –, a vida do espírito também pode ir além e aumentar o seu valor. Porque, quando falo em aperfeiçoamento e perfectibilidade, falo em mudança, mas mudança com valor. Não é qualquer mudança. Portanto, existe aqui uma prova da nossa soberania possível, na certeza de que um professor pode se tornar um professor melhor ao longo da sua trajetória. Qualquer ser humano pode se tornar melhor ao longo da sua vida. Isso não acontece sempre, é claro. Mas, justamente, isso acontece com aqueles que se dedicam a dar à vida do próprio espírito um encaminhamento altivo. Que se dedicam a identificar suas baixezas e a combatê-las. Que se dedicam a buscar a virtude onde ela está, na vida do dia a dia, no hábito, na repetição e, com isso, tornar-se virtuoso, agindo virtuosamente sempre. Tornar-se honesto, agindo honestamente sempre. Tornar-se generoso, agindo generosamente sempre. Essa possibilidade que temos de perfectibilidade, de aperfeiçoamento, de ganho de valor na nossa humanidade é, a meu ver, um traço distintivo claro que marca uma fronteira cristalina com o resto da natureza. E que, sobretudo, nos coloca em uma posição tal que cobra de nós uma avaliação sobre nosso próprio estatuto, que é justamente humano não por ser animal, mas por transcender a animalidade. Não há que cogitar a mesma possibilidade para a vida de uma samambaia ou de um javali.

Qualquer ser humano pode se tornar melhor ao longo da sua vida. Isso não acontece sempre, é claro. Mas, justamente, isso acontece com aqueles que se dedicam a dar à vida do próprio espírito um encaminhamento altivo. Que se dedicam a identificar suas baixezas e a combatê-las.

Concluo este livro deixando claro que a oportunidade de dialogar com a professora Lúcia Helena é um privilégio. Agradeço à editora que sempre nos deu abrigo e a oportunidade de encontros maravilhosos. E agradeço ao nosso leitor, que nos deu aqueles três minutos de crédito para que esta chance do encontro talvez lhe seja auspiciosa.

Lúcia Helena – Eu acredito, e sou acompanhada nisso por alguns bons pensadores, sobretudo orientais, que o que evolui no ser humano e em todos os seres é a consciência. Mesmo no caso de seres vivos considerados muito ínfimos por nós, como um pequeno vegetal: a sensibilidade dele à luz e à água denota um grau de consciência, e esse grau pode ser crescente. Essa consciência é impulsionada para a frente através das possibilidades de experiências que a vida traz. Eu vejo a vida como um fluxo que vai entrando em todos esses seres e dando a eles a possibilidade de cumprirem o seu trajeto de consciência.

Os indianos têm uma representação de que gosto muito, o fio do Sutratma. Imagine que cada um de nós seja uma conta de um colar. Cada um de nós é totalmente superficial, e se considera a conta mais bonita desse colar, a mais brilhante, a mais redonda... Passado o tempo, essa conta de colar, que somos nós, começa a ter uma necessidade de vida interior, de saber quem ela realmente é, mas ela não está acostumada a reconhecer outra substância que não seja acrílico, que é aquilo de que é feita. E, dentro dela, passa um fio de prata; como a conta não está acostumada a reconhecer prata, ela olha para dentro de si mesma e não vê nada, e isso lhe causa uma angústia existencial muito grande. Mas, conforme o tempo passa, ela vai depurando a vista até que, em determinado momento, consegue enxergar aquele pedacinho de prata que existe dentro dela. Ela vai dizer: "Que maravilha! Encontrei minha essência!". E vai querer contar essa descoberta para as demais contas e ensiná-las como fazer isso. Mas ela ainda não viu o todo da história; ainda não sabe que o pedacinho de prata que passa por dentro dela é apenas um momento de um fio que passa por dentro de todas as outras contas desse colar e de todos os seres da manifestação, de todos os seres vivos. É como se, por dentro deles, passasse um fluxo, um impulso de vida que é um só, e que ajuda a empurrar a nossa consciência para a frente, para cumprirmos o nosso trajeto.

Acredito, então, que o que está evoluindo em nós é exatamente a nossa consciência, e que a vida é a grande patrocinadora desse trajeto que leva a nossa consciência a um grau de plenitude cada vez maior, cada vez mais adequado àquilo que a natureza espera de nós como seres humanos, àquilo que existe para nós como modelo, como arquétipo no plano das ideias. Acho essa visão interessante porque nos traz um grande respeito pela vida, seja ela qual for.

Kant diz que é absolutamente imoral tomar o ser racional como um meio; ele é sempre um fim em si mesmo. Eu iria um pouco além de Kant e diria que é absolutamente imoral tomar qualquer ser vivo como mero meio. Ou seja, muito do que praticamos, do que fazemos dentro da sociedade deveria ser revisto. Inclusive diante daquela perspectiva que o professor colocou anteriormente, de que nós somos a consciência do planeta: isso faz do planeta um ser também vivo e em evolução. Essa percepção da vida como um privilégio, como um impulso universal que ajuda cada um a encontrar o seu ponto de aperfeiçoamento, dá uma dignidade muito especial a tudo. É uma ideia muito necessária, considerando que temos uma postura extremamente arrogante de sermos o centro do universo e de que tudo o mais foi feito para nosso uso.

Nós nos comportamos como se todas as coisas fossem utilitárias, feitas apenas para vivermos a nossa *egotrip*, totalmente baseada no egoísmo feroz e manipulador. Por isso, acho interessante essa visão indiana desse fluxo que é a vida, e uma vida da mesma qualidade, apenas impulsionando consciências que se encontram em diferentes pontos da trajetória. Toda vida merece o mesmo reconhecimento, o mesmo respeito; tomando aquela passagem bíblica que já citei, que diz "pelas vossas obras, vos conhecerei", o respeito pela vida geraria um tipo de comportamento bem mais humano, bem mais harmonioso.

Foi uma honra estar com o professor Clóvis. Não preciso nem dizer o quanto o admiro, porque jorra dele uma quantidade de coisas tão concatenadas, com tanta naturalidade e com tanta paixão, que é lindo de ver. Nunca imaginei ter o professor Clóvis falando só para mim, como aconteceu neste livro. Esse é realmente o máximo do prestígio. Agradeço muito por esta oportunidade, e espero que o leitor se beneficie bastante com este encontro.

Glossário

Aristóteles (384-322 a.C.): Filósofo grego, é considerado um dos maiores pensadores de todos os tempos e figura entre os expoentes que mais influenciaram o pensamento ocidental. Discípulo de Platão, interessou-se por diversas áreas, tendo deixado um importante legado nas áreas de lógica, física, metafísica, da moral e da ética, além de poesia e retórica.

Bacon, Francis (1561-1626): Filósofo e ensaísta inglês, atuou ainda como político. Considerado por alguns como o fundador da ciência moderna, dedicou-se particularmente ao estudo da metodologia científica e do empirismo. Sua principal obra filosófica é o *Novum Organum*.

Bandeira, Manuel (1886-1968): Poeta, cronista, tradutor, biógrafo, jornalista e professor. Sua escrita é caracterizada pela simplicidade e pelo humor. O autor fez do verso livre sua marca e ocupou-se de temas ligados à família, à morte, à infância em Recife e aos indivíduos pertencentes às classes mais baixas. É um dos maiores nomes do modernismo brasileiro.

Bruno, Giordano (1548-1600): Filósofo do Renascimento italiano, defendia a teoria do heliocentrismo, que coloca o Sol (e não a Terra) como o ponto central do universo. Suas ideias sobre a infinitude do universo e a metafísica de Deus foram consideradas heréticas e proibidas. Foi condenado à morte na fogueira pela Inquisição.

Cícero, Marco Túlio (106-43 a.C.): Advogado, filósofo estoico, senador e escritor romano, foi o maior dos oradores e pensadores políticos romanos e o que mais influenciou os oradores modernos. São famosas suas *Catilinárias*, quatro discursos pronunciados no Senado contra Lúcio Sérgio Catilina, chefe de uma conspiração. É autor de extensa obra que compreende discursos, tratados filosóficos e retóricos, cartas e poemas.

Cury, Caetano (1985): Jornalista e quadrinista brasileiro, é autor das tirinhas *Téo & O mini mundo*, que trazem reflexões sensíveis sobre a vida, protagonizadas por um menino curioso e uma borboleta filosófica.

Epicteto (c. 50-135): Filósofo estoico, viveu a maior parte da vida como escravo em Roma. Não deixou obra escrita, mas a transmissão de seus ensinamentos foi assegurada por discípulos. Seu pensamento começa por distinguir entre as coisas que estão em nosso poder e aquelas que não estão.

Epicuro (341-270 a.C.): Filósofo grego do período helenístico, seu pensamento foi muito difundido, e numerosos centros epicuristas se desenvolveram no Egito e em Roma. Representa a busca por uma filosofia prática, essencialmente moral, que tem por objeto central a felicidade do ser humano.

Espinosa, Baruch de (1632-1677): Filósofo racionalista holandês, nascido em uma família judaico-portuguesa, fundou o criticismo bíblico moderno. Sua obra mais importante, *Ética demonstrada à maneira dos geômetras*, mais conhecida como *Ética de Espinosa*, busca na metafísica um tratado sobre ética pautado no método geométrico, que apresenta uma teoria da felicidade humana construída de forma sistemática e cartesiana.

Heráclito (550-480 a.C.): Filósofo grego, baseava-se na tese de que o universo é uma eterna transformação, onde os contrários se equilibram. Considerado o "pai da dialética", formulou o problema da unidade permanente do ser diante da pluralidade e da mutabilidade das coisas transitórias.

Homero: Poeta da Grécia Antiga, teria vivido por volta do século IX a.C. A ele, é atribuída a autoria dos poemas épicos *Ilíada*, que versa sobre a Guerra de Troia, e *Odisseia*, que narra a epopeia de um herói para retornar a sua terra natal. Sua obra valoriza a virtude do homem nobre.

Hume, David (1711-1776): Filósofo e historiador inglês, defendia a experiência e a observação como métodos para fundamentar as ciências morais. Dentre suas obras, destacam-se *Tratado da natureza humana* e *Investigação sobre o entendimento humano*.

Jung, Carl Gustav (1875-1961): Psiquiatra suíço, fundador da psicologia analítica, foi um dos maiores estudiosos da vida interior do homem e tomou a si mesmo como matéria-prima de suas descobertas. Suas pesquisas marcaram decisivamente estudos em diversas áreas além da psicologia, como antropologia, sociologia, arte e literatura.

Kant, Immanuel (1724-1804): Filósofo alemão, suas pesquisas conduziram-no à interrogação sobre os limites da sensibilidade e da razão. A filosofia kantiana tenta responder às questões: Que podemos conhecer? Que podemos fazer? Que podemos esperar? Dentre suas obras, destacam-se *Crítica da razão pura*, *Crítica da razão prática* e *Fundamentação da metafísica dos costumes*.

Maquiavel, Nicolau (1469-1527): Autor de *O príncipe*, estabelece uma separação entre política e ética, defendendo que os fins justificam os meios. Emprega com frequência, em suas obras, os conceitos de *virtù* e *fortuna*.

Nietzsche, Friedrich (1844-1900): Filósofo alemão, elaborou críticas devastadoras sobre as concepções religiosas e éticas da vida, propondo uma reavaliação dos valores humanos. Algumas de suas obras mais conhecidas são *A gaia ciência*, *Assim falou Zaratustra*, *Genealogia da moral* e *Ecce homo*.

Pascal, Blaise (1623-1662): Filósofo, escritor, matemático e físico francês do século XVII, foi o primeiro grande prosador da literatura francesa. Sua filosofia apologética postula que há mais ganho pela suposição da existência de Deus do que pelo ateísmo, e que uma pessoa racional, mesmo que por prudência, deveria pautar sua existência como se Deus existisse.

Pitágoras: Filósofo e matemático grego, acredita-se que tenha nascido por volta do primeiro quarto do século VI a.C., vindo a falecer ao final do mesmo século. Uma de suas contribuições mais importantes deu-se no campo da geometria, com o Teorema de Pitágoras, por meio do qual é possível descobrir a medida de um dos lados de um triângulo reto a partir da medida dos outros dois ("a soma dos quadrados dos catetos é igual ao quadrado da hipotenusa").

Pizarro, Francisco (1476-1541): Explorador espanhol, liderou a conquista do Império Inca, na região do atual Peru. Fundou a cidade de Lima em 1535 e governou a região como representante da Coroa espanhola. No entanto, disputas internas o levaram à morte por partidários de um antigo aliado e depois rival.

Platão (427-347 a.C.): Um dos principais filósofos gregos da Antiguidade, discípulo de Sócrates, influenciou profundamente a filosofia ocidental. Considerava as ideias o próprio objeto do conhecimento intelectual. O papel da filosofia seria libertar o homem do mundo das aparências para o mundo das essências. Platão escreveu 38 obras que, pelo gênero predominante adotado, ficaram conhecidas pelo nome coletivo de *Diálogos de Platão*.

Schopenhauer, Arthur (1788-1860): Filósofo alemão, causou grande polêmica em sua época, sobretudo por seu extremo pessimismo. Como pensador metafísico, contestou a filosofia hegeliana e incorporou o pensamento oriental. *Parerga e Paralipomena* e *O mundo como vontade e representação* são seus livros mais conhecidos.

Sócrates (470-399 a.C.): Filósofo grego, não deixou obra escrita. Seus ensinamentos são conhecidos por fontes indiretas. Praticava filosofia pelo método dialético, propondo questões acerca de vários assuntos.

GRÁFICA PAYM
Tel. [11] 4392-3344
paym@graficapaym.com.br